국내파 영어달인 김대균의
# 영어연수
## in Korea

국내파 영어의 달인 **김대균**의
**영어연수 in Korea**

저자_ 김대균
Text Director_김은진

1판 1쇄 인쇄_ 2007. 11. 30.
1판 2쇄 발행_ 2007. 12. 12.

발행처_ 김영사
발행인_ 박은주

등록번호_ 제406-2003-036호
등록일자_ 1979. 5. 17.

경기도 파주시 교하읍 문발리 출판단지 515-1  우편번호 413-756
마케팅부 031)955-3100, 편집부 031)955-3250, 팩시밀리 031)955-3111

저작권자 ⓒ 2007 김대균
이 책의 저작권은 저자에게 있습니다. 저자와 출판사의 허락 없이
내용의 일부를 인용하거나 발췌하는 것을 금합니다.

COPYRIGHT ⓒ 2007 by Kim Dae Kyun
All rights reserved including the rights of reproduction
in whole or in part in any form. Printed in KOREA.

값은 표지에 있습니다.
ISBN 978-89-349-2734-1 13740

독자의견 전화_ 031) 955-3104
홈페이지_ http://www.gimmyoung.com
이메일_ bestbook@gimmyoung.com

좋은 독자가 좋은 책을 만듭니다.
김영사는 독자 여러분의 의견에 항상 귀 기울이고 있습니다.

국내파 영어달인 김대균의
# 영어연수 in Korea

김대균 지음

김영사

**머리말**  대한민국 영어의 평균을 높여주는 책이 되길 바라며…

나, 김대균. 여태껏 토익으로 영어를 말해 왔다. '한·일 양국 토익 만점 강사'라는 타이틀을 거머쥔 채 참 많은 학생들과 토익 공부를 했다. 자부심과 보람이 느껴지는 세월이었다.

그런데 한동안 나는 토익을 넘어서고 싶은 욕망에 시달렸다. 영어가 마냥 좋아 밤을 지새우던 시절이 있었건만, 점점 내 안의 영어가 빈곤해져가고 있다는 불안감이 엄습해온 것이다.

결국 나는 영어의 바다에 새로운 배를 띄우기로 했다. 영어의 기본기를 몸체로 하고 영어를 영어답게 공부하는 방법으로 키잡이를 했으며, 거의 공짜로 영어연수를 할 수 있는 노하우들을 모터로 달았다. 항해 중간 중간 알짜배기 팁 박스도 꽉꽉 채워놓았다. 그게 바로 이번 책이다.

이 책의 내용을 간략하게 소개해볼까 한다.

1장 로꾸거 김선생_ 나는 어릴 적 지독히도 가난하게 자랐다. 그런 내가 어떻게 처음 영어를 좋아하게 됐고, 성장기와 대학시절 어떤 식으로 영어를 공부했는지에 관해 에피소드를 모았다. 각 에피소드마다 영어 학습과 연결되는 팁들을 상세히 덧붙여 두었다.

2장 영어는 네모다_ 영어 학습에 꼭 필요한 콘셉트를 담았다. 영어는 등산이고 영어는 밥이며 영어는 게임이다. 또 영어는 호기심이며 시간을 먹는 스펀지다. 영어를 좀더 쉽게 이해할 수 있는 내용들을 애피타이저처럼 가볍게 읽을 수 있는 장이다.

3장 영어의 Basic 키우는 법_ 말 그대로 영어의 기본기를 키우는 7가지 방법을 제시해 놓았다. 언어는 기본기가 중요하다. 기본은 자칫 쉬워 보이기 때문에 무시당하곤 한다. 하지만 기본을 닦지 않고 공부하는 영어란 얼마나 공허한 것인지! 탄탄한 영어의 기본기 학습법들을 쉽게 풀어 놓았다.

4장 영어에 바짝 다가서기_ 영어의 기본기를 익힌 사람들이 좀더 심도 있는 학습을 할 수 있는 장이다. 영어 뇌를 늘리는 방법, 문법을 이해하는 방법, 영영사전 활용법, 미련하지만 결국엔 통하는 방법 등을 엿볼 수 있다.

5장 내가 기획하는 '영어연수 in Korea'_ 이 책에서 가장 중요한 장이다. 한국 땅에 살면서도 충분히 영어연수 효과를 낼 수 있는 고급 노하우들을 담았다. 듣기 코스, 읽기 코스, 말하기 코스, 쓰기 코스, 멀티태스킹 코스, 해외 실전 코스 등 6개 코스를 따라가다 보면 누구나 자신만의 영어 연수 프로그램을 짤 수 있다. 해외 실전 코스를 제외하고는 대부분 '공짜' 라는 게 특징이다.

나는 해외 연수 한 번 못 다녀온 순 토종 강사다. 그런 내가 국내 최고 토익 강사의 위치에 올라갈 수 있었던 건 나를 사랑해준 수많은 독자들과 수강생들 덕분이다. 그들의 사랑에 보답하기 위해 나는 내게 부족한 것들을 가감 없이 세상에 드러냈다. 토익 명강사도 영어 말하기와 쓰기가 부족하다는 걸 고백하기까지 정말 수많은 고뇌의 밤들을 보내야 했다.

몇 년 전부터 나는 남산 위를 거꾸로 달린다. 굳어버린 혀와 한없이 작아진 영어 뇌를 살리기 위해 운동을 시작한 것이다. 달리는 내 귀에는 mp3 영어가 흘러나오고, 내 머릿속에서는 영어로 생각하기가 진행 중이다.

이제 나도 도약하고 독자들도 도약했으면 하는 바람이다. 모쪼록 자신의 영어가 지금 어디에 있는지 점검하고, 아니다 싶으면 처음으로 돌아가는 용기를 얻으시길. 그리고 온 국민이 영어 학습에 엄청난 돈을 쏟아 붓는 이 시대에, 돈 한 푼 안 들이고도 영어를 섭취할 수 있다는 것을 많은 분들이 깨달았으면 좋겠다.

마지막으로 내가 좋아하는 슈퍼주니어의 '로꾸거' 노래에 맞춰 이렇게 외쳐보고 싶다.

"다.시. 열공합시다~아!"

2007년 12월 김대균

## 목 차

**머리말** • 4

### 1 로꾸거 김 선생 • 11
장래 희망 영문과 교수, 손에는 달랑 문법책 한 권 • 13
해외연수에서도 안 가르쳐주는 알짜배기 팁들 돈 없으면 영어 공부가 힘들다고? No!

산속에서 공부하는 소년, 울창한 영영사전의 숲길을 헤매다 • 18
해외연수에서도 안 가르쳐주는 알짜배기 팁들 영영사전으로 영어 공부하자!

영문학도, 워즈워드, 그리고 영어로 꾸는 꿈 • 25
해외연수에서도 안 가르쳐주는 알짜배기 팁들 듣기의 임계질량을 채워라!

Yankee go home과 TIME 사이에서 • 31
해외연수에서도 안 가르쳐주는 알짜배기 팁들 쉬운 영어와 어려운 영어 골고루 먹자!

토익의 본고장, 일본에서 히트를 치다 • 37
해외연수에서도 안 가르쳐주는 알짜배기 팁들 뉴토익 고득점의 비법을 알려주마

영어 강사가 반한 영어 고수들 • 44
해외연수에서도 안 가르쳐주는 알짜배기 팁들 영어 뇌 VS 한국어 뇌

로꾸거 로꾸거 남산 위의 김 선생! • 53
해외연수에서도 안 가르쳐주는 알짜배기 팁들 영어 mp3, 기분과 날씨따라 프로그램 업!

Do what you love, the rest comes! • 60

### 2 영어는 네모다 • 65
영어는 밥이다 • 67
영어는 맞춤형 여행 상품이다 • 68
영어는 등산이다 • 69
영어는 시간을 먹는 스펀지다 • 71
영어는 호기심이다 • 73
영어는 창의성이며 상상력이다 • 75

영어는 재미다 • 77
영어는 말이다 • 79
영어는 구구단이다 • 80
영어는 게임이다 • 81

**3** 영어의 Basic을 키우는 법 • 83
인간은 모방의 동물, 영어 성대모사의 달인이 되라 • 85
"이누마 거기 멈쳐!", 소리에 민감해져라 • 87
When a man loves a woman, 숫자에 민감해져라 • 89
아는 단어, 그런데 해석이 안 된다? • 90
해외연수에서도 안 가르쳐주는 알짜배기 팁들 사전에 매겨진 번호가 중요해?
영어 실력자가 되기 위해 버려야 할 몇 가지 오해 • 94
영어의 눈높이를 무릎까지 낮춰라 • 98
영어 집중력의 기본은 체력, 정말? • 100

**4** 영어에 바짝 다가서기 • 103
영어 뇌를 늘려라 • 105
해외연수에서도 안 가르쳐주는 알짜배기 팁들 영어로 사고하기, 시작은 이렇게!
쉬운 영어, 히딩크식 영어 제대로 따라하기 • 108
문법만 생각하면 머리가 지끈지끈, 코까지 맹맹? • 114
해외연수에서도 안 가르쳐주는 알짜배기 팁들 읽기 쉬운 문법책을 반복해서 보라
세상에 없는 영어, 말이 안 되는 영어를 알려주마 • 121
우리말과 영어를 억지로 꿰맞추지 마라 • 123
영영사전 찾기의 생활화, 단어에 애정을 가지고 '느껴봐~' • 126
해외연수에서도 안 가르쳐주는 알짜배기 팁들 나만의 어휘 파일을 만들자

우직하고 미련한 공부법이 통한다 • 129
쉬운 영어책을 들고 다니며 감각 떨어뜨리지 않기 • 130
  해외연수에서도 안 가르쳐주는 알짜배기 팁들 사진이나 그림을 영어로 묘사해 보자!
잡식성 학습자가 되라 • 134
주기적인 '집중 학습 기간'이 필요하다 • 135

# 5  내가 기획하는 '영어연수 in Korea' • 137

### Part 1  영어에 최면 걸기 • 139
해외 연수에 대한 선망의 눈길을 거두시라 • 139
영어연수를 한국에서 하는 게 가능한 이유 • 140
해외 영어연수 프로그램 VS 나만의 영어연수 in Korea • 140
영어연수를 한국에서 하면 더 좋은 이유 • 142
어떻게 프로그램을 짤까? • 143

### Part 2  영어 듣기 집중 코스 • 145
발상의 전환 : 꼼꼼이 듣기에서 많이 듣기로! • 145
많이 듣기의 세 가지 원칙 • 145
나는 어디쯤에서 리스닝을 시작할까? • 147
본격적인 리스닝 6단계 훈련법 • 149
리스닝 소재 대사냥 • 154
  해외연수에서도 안 가르쳐주는 알짜배기 팁들 어른도 즐길 수 있는 어린이 영어 교육 프로그램
  해외연수에서도 안 가르쳐주는 알짜배기 팁들 영어 기사는 issue by issue로 공략하자
  해외연수에서도 안 가르쳐주는 알짜배기 팁들 미드, 이거 어때?

### Part 3  영어 읽기 집중 코스 • 180
읽기의 네 가지 원칙 • 181
  해외연수에서도 안 가르쳐주는 알짜배기 팁들 오늘은 영어소설 읽는 날!

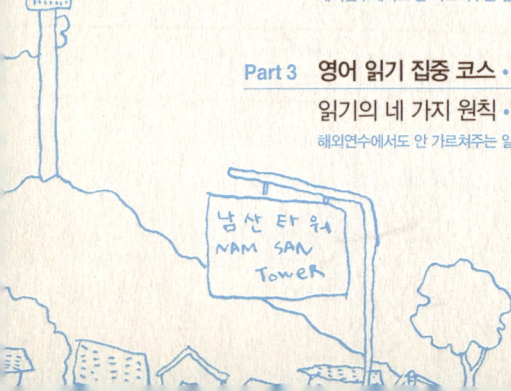

# Contents

술술 읽히는 영어책 Graded Readers 활용하기 • 185
해외연수에서도 안 가르쳐주는 알짜배기 팁들 읽어보자, 영어소설

### Part 4  영어 말하기 집중 코스 • 192
영어 말하기를 위한 워밍업 • 192
나홀로 말하기 코스 • 193
여럿이 하는 말하기 코스 • 197

### Part 5  영어 쓰기 집중 코스 • 202
육하원칙 일기 쓰기 • 203
남의 글 다시 쓰기 • 206
좋은 영문 베껴 쓰기 • 207
영영사전을 활용한 글쓰기 • 208
이메일 쓰기 • 209
블로그 활용하기 • 209

### Part 6  멀티태스킹 코스 • 213
직장인들을 위한 휴가철 영어연수 프로젝트 • 213
주말을 이용한 영어연수 프로젝트 • 216
짬내기 프로젝트 • 217

### Part 7  해외 실전 코스 • 219
Do It Yourself 출국에서 귀국까지 혼자하기 프로젝트 • 219
Make Your Friends 현지인 백 배 활용하기 프로젝트 • 222
Keep a Log of the Trip 여행일지 쓰기 프로젝트 • 225
Travel with International Friends 다국적 배낭여행 프로젝트 • 226
Money & English 일하면서 영어 공부하기 프로젝트 • 228
해외연수에서도 안 가르쳐주는 알짜배기 팁들 영어 실전 여행을 떠나기 전 우리의 마음가짐

### 부록
김대균 추천 영어 학습서 • 234
무료 영어 소스가 가득한 인터넷 세상 탐험하기 • 237

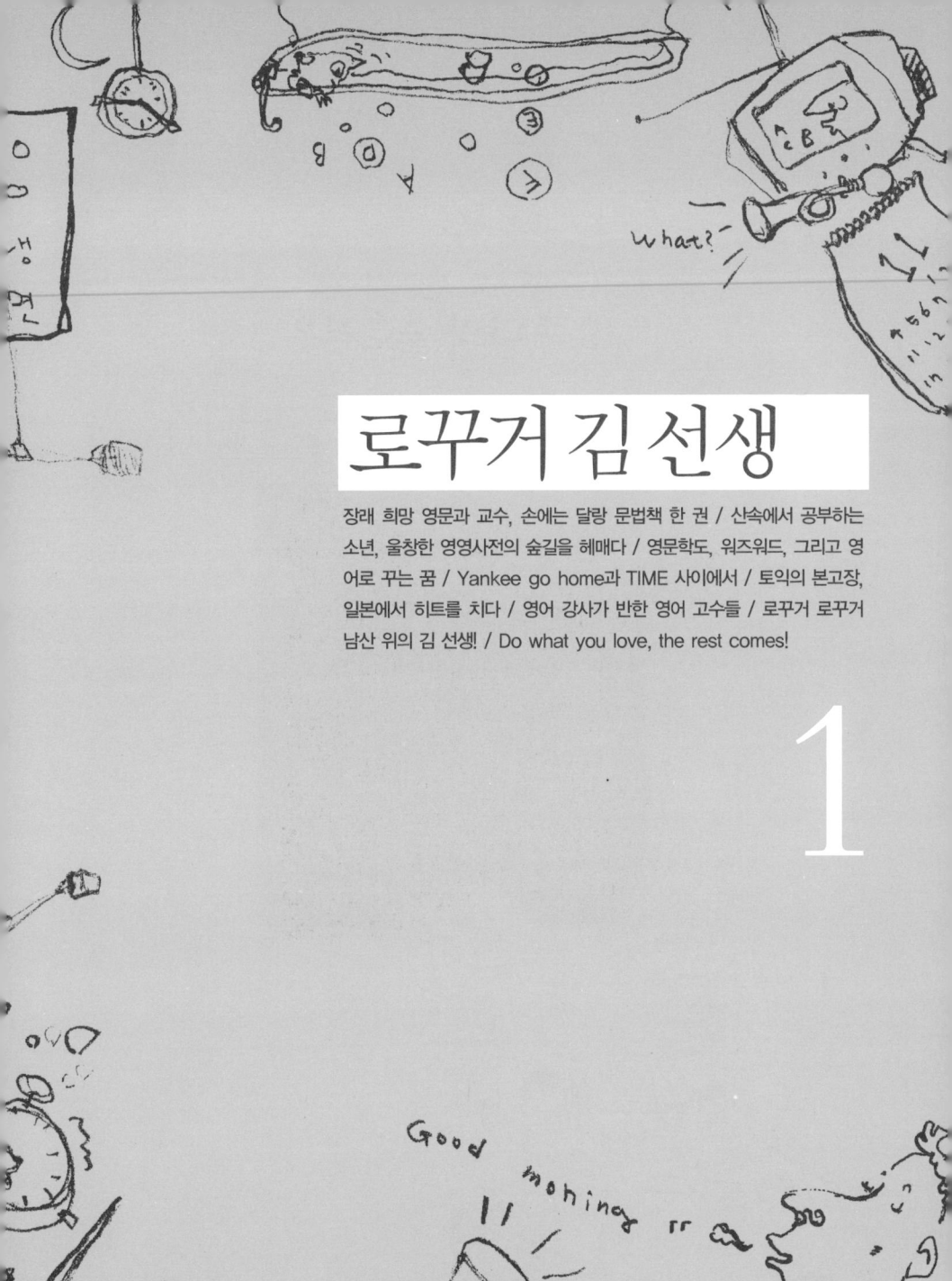

# 로꾸거 김 선생

장래 희망 영문과 교수, 손에는 달랑 문법책 한 권 / 산속에서 공부하는 소년, 울창한 영영사전의 숲길을 헤매다 / 영문학도, 워즈워드, 그리고 영어로 꾸는 꿈 / Yankee go home과 TIME 사이에서 / 토익의 본고장, 일본에서 히트를 치다 / 영어 강사가 반한 영어 고수들 / 로꾸거 로꾸거 남산 위의 김 선생! / Do what you love, the rest comes!

1

## 요즘 나의 슬로건은 '기본기'로 돌아가자는 것이다.

시험이나 승진을 위한 영어가 아니라 자신의 생각을 표현하고 타인과 대화하는 수단으로서 영어를 다져야 한다. 실용 영어의 기준이 되는 토익 강사로 수많은 학생들을 가르쳐 왔지만 영어가 점점 빈곤해지는 느낌을 지울 수가 없었다. 토익 강의 10년 만에 다시 짚어보는 나의 영어 이야기.

장래 희망 영문과 교수, 손에는 달랑 문법책 한 권

어릴 적 우리집은 가난했었다. 아니, 하루 아침에 쫄딱 망했다. 내가 중학교 2학년이던 무렵, 은평구에서 제일가는 부자에 외제차를 몰고 다닐 만큼 대단한 사업가였던 아버지가 졸지에 사기를 당했다. 그것도 돈 관리를 믿고 맡긴 아주 가까운 친척에게. 그 사람은 우리 아버지와 공동 명의로 관리하던 통장에서 자금을 몽땅 빼내어 유유히 사라졌다. 마치 영화나 드라마 속 한 장면 같은 사기 행각이었다.

사실 난 동네에서 '부잣집 도련님' 소리를 들으며 풍족한 유년 시절을 보냈다. 아버지를 따라 사냥을 가서 총에 맞은 꿩을 주워오는 게 내 취미 생활이었고, 절대 해서는 안 될 짓이지만 가끔 지폐를 태우며 놀기도 했다. 있는 집 아이들이 주로 참가하는 '리틀 미스터 코리아'에 뽑혀 특급 호텔 행사장 연단에 오르는 기쁨을 누리기도 했다.

하지만 가세가 한 번 기울어지기 시작하자, 사는 꼴이 걷잡을 수 없이 초라해져 갔다. 빚쟁이들의 눈을 피해 이사를 할 때마다 집은 점점 좁아지고, 사위가 어둑어둑해지는 저녁이면 전기가 끊긴 집에서 온 식구가 일찌감치 잠자리에 드는 날이 많았다.

"너희 부모님은 대체 널 가르치겠다는 거냐, 말겠다는 거냐? 왜 등록금을 제때제때 안 내?"

담임선생님의 호통에 나는 잔뜩 기가 죽었다. 예민한 사춘기 시절을 보내는 동안 가장 큰 고역은 등록금이 밀려 교무실에 불려 가

는 일이었다. 다른 선생님들의 시선에 내 얼굴은 금세 빨갛게 달아올랐다.

당시 우리집 밥상의 주 메뉴는 정체 모를 야채국. 그 시절 돈 없는 사람들이 쉽게 지방질을 얻기 위해 먹던 재료가 소기름이었는데, 바로 이 소기름에 시금치를 넣어 끓인 국이었다. 국물에 둥둥 떠 있는 기름 덩어리들을 보노라면 입맛이 싹 가시곤 했다. 고기반찬에 윤기 잘잘 흐르는 쌀밥만 먹던 어린 시절과 비교하면 그야말로 '체험, 극과 극'이 따로 없었다.

지금도 기억나는 일은 '비단 잉어 증발 사건'이다. 교회에서 양어장 근처로 수련회를 갔는데, 수제비를 미끼로 하니 팔뚝만한 비단 잉어가 수도 없이 잡혔다.

'와……, 집에 가져가면 식구들이랑 배불리 먹을 수 있겠다!'

나는 속으로 쾌재를 불렀다. 물통 가득 잡힌 잉어들을 집으로 가져갈 생각에 뿌듯한 기분으로 잠이 들었다. 그런데 다음날 아침, 숙소 옆에 있던 물통으로 달려가 보니 잉어가 모두 사라지고 없는 게 아닌가! 알고 보니 전날 밤 다른 어른들이 그 잉어들을 몽땅 매운탕으로 끓여 먹은 것이었다.

"대균아, 너 왜 그러니? 무슨 일 있니?"

집으로 돌아오는 버스 안에서 나는 내내 울었다. 교회 어른들이 다가와 이유를 물었지만 난 아무 말도 할 수가 없었다. 굶고 있는 식구들의 얼굴이 떠올라 하염없이 눈물만 흐르는 것이었다.

그런 와중에도 내게 꿈은 있었으니, 바로 영문학과 교수가 되는 것이었다. 이 꿈을 심어준 사람은 중학교 3학년 때의 영어 선생님이다.

"자, 이 문장의 주어는 여기까지, 서술어는 여기까지, 그리고 이 뒤로는 전부 부사절이다. 모두 이해됩니까?"

선생님은 모든 영어 문장과 구문들을 칼로 베듯 명확하게 분석해 냈다. 외국의 언어를 어쩌면 그리도 능수능란하게 다루는지, 선생님이 보여준 영어의 세계는 '신세계 교향곡' 만큼이나 서사적이면서도 짜릿하게 다가왔다. 동명사와 to부정사, 관계대명사의 여러 가지 용법, 문장 구조의 복잡미묘함 등, 모든 것이 내 흥미를 잡아 끌었다.

당장 헌 책방으로 달려가 〈성문 기본 영어〉를 샀다. 지금에 와서 생각하면 문법이 영어의 전부는 아니지만, 적어도 그 시절의 나에게 영어는 '아름답고 재미있는 문법의 세계'로 다가왔던 것 같다. 나는 매일 30분에서 1시간 정도 문법책을 들여다보며 영어 공부에 재미를 붙여 갔다.

"넌 그 지겨운 문법책이 뭐가 좋다고 만날 들여다보냐?"

다른 친구들은 문법책이 지루하고 따분하다며 고개를 절레절레 흔들었지만, 나는 문법으로 접근하는 영어가 흥미롭기만 했다. 혼자 문법책을 보며 공부하는 습관이 들어 고등학교에 진학해서도 〈성문 종합 영어〉를 10번 이상 정독했다.

나중에 성인이 되고 나서야 그 영어 선생님의 수업에는 오류가 많았다는 사실을 깨닫게 되었다. 선생님은 영문법의 수많은 예외들을 하나도 짚어주지 않은 것이었다. 또 실제로 현지인들이 쓰지 않는, '문법을 위한 문법' 설명 또한 많았다.

한번은 선생님이 이런 질문을 했다.

" '행복한 나'를 한번 영작해 볼 사람?"

도무지 답이 생각조차 나지 않았는데, 선생님이 내려준 해답은 'I who am happy'였다. 이 문장이 하도 멋져 보여서 머릿속에 콕 박아두었건만, 알고 보니 이런 영어를 쓰는 원어민은 세상 어디에도 없었다. 문법적으로도 관계대명사의 꾸밈을 받을 수 있는 인칭대명사는 those뿐이다.

또 선생님처럼 모든 문장들을 문법적으로 도식화하는 습관이 들어, 영어를 자연스럽게 느끼는 과정은 대학에 가서야 맛볼 수 있었다.

그럼에도 불구하고 그 선생님을 만난 것은 내게 크나큰 행운이었다. 선생님이 들어준 그 예문처럼 나는 '행복한 나'가 되어 영어를 가르치고 있기 때문이다.

## 돈 없으면 영어 공부가 힘들다고? No!

영어 공부는 돈으로 하는 게 아니라 '시간'과 '열정'으로 하는 것이다. 영어 공부에 필요한 교재는 중·고교 교과서와 좋은 문법책, 영영사전 한 권이면 충분하다. 돈을 벌 수 없는 학창 시절에는 이 정도만 갖고도 영어의 기본을 다질 수 있다. 단, 시간과 열정을 충분히 투자하는 사람에 한해서다. 대학에 들어가거나 사회생활을 시작해 스스로 경제적인 지원이 가능하다면, 그 때부터는 원어민 회화 학원이나 개인 교습, 해외 여행 등 본인이 원하는 방식의 영어 공부를 다양하게 시도해볼 수 있다.

중학교, 고등학교 때 해외 연수를 떠나거나 비싼 학원을 다니는 학생들이 많은데, 자신이 그런 환경에 처하지 못했다고 해서 부모님 원망할 필요가 전혀 없다. 공부는 스스로 하는 것이지 환경이 대신 해주는 게 아니기 때문이다.

해외 어학연수나 학원 수강을 한다고 해도 결국 학생 스스로 공부하는 법을 터득하지 못하면 그야말로 돈 잔치로 끝나기 십상이다. 단 한 권의 영어 교재라도 반복해서 읽어 자기 것으로 만들고, 모르는 단어는 영영사전으로 공부하는 것. 이것이야말로 영어의 기본을 닦는 가장 현명한 방법이다. 여기에 EBS 교육방송의 각종 생활영어 프로그램과 퀴즈쇼 청취를 병행하면 금상첨화다. 전부 공짜로 들을 수 있다. 고로, 돈 없다고 절망 말고 주변에 널린 기회부터 충분히 활용하자.

로꾸거 김 선생

> 산속에서 공부하는 소년, 울창한 영영사전의 숲길을 헤매다

This coat wears well.

이 코트는 잘 입는다? 이게 무슨 뜻이지?

나는 해독이 되지 않는 문장을 들여다보며 머리를 좌우로 흔들었다. 당최 무슨 뜻인지 감을 잡을 수가 없는 것이었다. 수업시간에 배운 바로는 wear가 '입다' 라는 뜻뿐이었다.

고교 입학 기념으로 산 영영 사전을 펼쳤다.

**wear**

1. to have on one's body, esp. as clothing, but sometimes also for protection, decoration, or other purposes
  ⋯▸ 입다

2. to have (a particular expression) on the face
  ⋯▸ 얼굴에 어떤 표정을 짓다

3. to be reduced, weakened, or damaged by continued use, rubbing, etc.
  ⋯▸ 지속적인 사용으로 인해 줄어들거나 약해지다

4. to produce by wear, use, rubbing, etc.
  ⋯▸ 입거나 사용함으로써 만들어내다

5. to last in the stated condition
  ⋯▸ 어떤 상태가 지속되다

5번 뜻에 따라 원래의 상태가 지속된다는 의미로 파악하면, '이 코트는 감이 질기다?' 바로 이거로군!

짜릿한 전율이 느껴졌다. 때마침 5월의 바람소리가 산 정상에서부터 시원하게 훑고 내려왔다. 나뭇가지가 기분 좋게 흔들리는 풍경에 가슴이 탁 트였다. 시계를 보니 오후 1시. 점심 먹을 시간이었다. 나는 집에서 싸온 도시락을 꺼내 너럭바위 위에 펼쳐놓았다. 반찬이라 해봤자 달랑 김치뿐이었지만, 산에서 먹는 도시락은 꿀맛이었다.

가난의 딱지가 붙은 나는 독서실이나 도서관에 갈 돈이 없었다. 집에서 공부를 하자니, 날이면 날마다 현관문을 두드려대는 빚쟁이들 때문에 시끄러워서 도저히 공부를 할 수가 없었다. 그 난리 속에서 공부를 하는 건 그야말로 불가능한 상황. 소음을 피해 조용히 공부할 수 있는 공간으로 선택한 곳이 집 근처 백련산이었다.

그 산엔 나만의 아지트가 있었다. 나무 그늘이 시원하게 드리워진 너럭바위. 고교 3년 내내, 휴일이나 방학 때면 이곳에서 공부를 했다. 책을 펼쳐 놓고 앉아 있으면 다람쥐가 지나가다 물끄러미 쳐다보는 일도 있었다.

'네 눈엔 내가 불쌍해 보이니? 그래도 난 공부할 수 있어서 좋다!'

이렇게 혼잣말을 하며 공부에 집중했다. 빚쟁이들의 소음이 없어서인지 아니면 산 공기가 좋아서인지 머리가 맑아졌다. 텔레비전이나 사람 등 한눈 팔 데가 없으니 공부에 집중하기가 더 쉬웠던 것 같기도 하다.

하지만 산에서 공부하는 것이 늘 좋은 것만은 아니었다. 해가 지면 어쩔 수 없이 책을 덮고 하산해야 한다는 점, 그리고 날씨가 많이 추우면 산에 앉아 있기 곤란하다는 점. 공부할 공간이 없는 내게 이런 애로사항은 치명적이었지만, 달리 선택의 여지가 없었다. 주위가 컴컴해져서 글씨가 안 보일 때까지 책을 들여다봤고, 날이 추워지면 양말을 두 켤레씩 신고 점퍼를 뒤집어쓴 채 공부해야 했다. 설날이나 추석 같은 명절에는 괜스레 집에 들러 불쌍하다는 눈빛으로 혀를 끌끌 차는 친척들이 보기 싫어 더 산으로 올라갔다. 나는 현실에 상처 받기보다는 현실에 적응하는 사람이 되고 싶었다.

그 시절 내 영어 공부의 동반자는 〈성문 종합 영어〉와 영영사전이었다. 당시만 해도 영한사전만 보는 학생들이 대부분이어서, 영영사전을 본다는 것은 거의 미련한 짓에 가까웠다. 왜냐하면 영영사전에는 명쾌한 우리말 해석이 없기 때문이다. '시간'으로 승부하는 고교생들에게 영영사전은 효율성이 떨어지는 교재일 수밖에 없었다.

나는 미련한 방법을 택했다. 적어도 영문학 교수가 되려면 영어를 영어로 공부하는 게 옳았다. 우리가 어릴 때 국어사전으로 국어 공부를 했던 것처럼 말이다.

처음 영영사전을 들춰보았을 때는 머리가 다 아찔했다. 영어로 단어 풀이를 해놓은 것 자체가 이해되지 않는 것이었다. 풀이에 포함되어 있는 낯선 단어들이 한두 개가 아니었다. 그 낯선 단어를 찾아가 보면, 그 곳에는 또 다른 낯선 단어들이 기다리고 있었다. 말 그대로 꼬리에 꼬리를 무는 영어 단어들이었다.

'과연 이렇게 공부하는 것이 맞을까?'

의구심이 생기기 시작했다. 마치 울창한 숲속을 나침반도 없이 헤매는 기분이랄까. 이 길이 맞는지, 계속 가도 좋은지, 아무도 귀띔해주는 사람이 없었다. 그래도 나는 영영사전 속을 작정한 듯 헤매고 다녔다. 찾다 보면 뚜렷한 우리말은 아니라도 영어 단어에 대한 이미지가 머릿속에 그려지곤 했다. 단어를 찾는 동안 그 단어를 입으로 중얼거리며 기억하려 애썼고 단어를 찾은 다음에는 단어의 뜻과 예문들을 모두 소리 내어 읽었다. 눈으로 보고 입으로 내뱉으며 그 소리를 귀로 들었다. 혼자 터득한 공부 방법이었지만 나는 스스로 길을 찾아가는 기쁨과 영어가 주는 즐거움에 도취되었다.

그렇게 2년 여 동안 영어 단어를 찾아 헤맨 끝에 내 영영사전은 겉장이 너덜너덜해졌고, 나는 어떤 단어든 3초면 찾아낼 수 있는 기술까지 터득했다. 다양한 예문들을 접한 덕분인지 단어의 다양한 쓰임새가 감각적으로 느껴졌다. 모르는 단어의 뜻을 유추하는 여유가 생기며 독해도 점점 쉽게 느껴졌다. 학원이나 과외 등 사교육을 받는 친구들 틈바구니에서 적어도 영어만큼은 자신 있었다.

"어이, 영어 박사! 이 문제가 도저히 이해 안 되는데, 설명 좀 해주라."

반 친구들 사이에서 나는 어느새 영어통이 되어 있었다. 영어가 좋아서 영영사전을 끼고 산 게 비결이라면 비결일까?

하지만 이런 내게도 영어로 인해 상처 받는 사건이 있었다. 한번은 수업 시간에 영어 선생님이 문장을 잘못 해석하시기에, 곧바로

손을 들었다.

"선생님! 그 문장에서는 주어가 그 뒤부터인데요?"

제자의 지적이 몹시 불쾌했는지, 선생님은 그 다음 시간부터 노골적으로 나를 쏘아보시며 틈만 나면 나에게 질문을 던졌다. 내가 머뭇거리며 대답을 잘 못하면, 곧바로 비난의 화살이 쏟아졌다.

"그렇게 영어를 잘한다더니, 그것도 모르나? 공부 좀 더 하고 와야겠네?"

그 후로 그 선생님 수업 시간에 나는 조용히 교과서만 들여다보았다.

또 한번은 기말 시험 문제가 좀 애매해서 몇 문제를 그냥 틀리고 말았는데, 나중에 알고 보니 그 문제들이 모두 자습서에서 출제된 것들이었다. 시험 전에 자습서 문제를 풀어본 아이들은 문제의 이해 여부를 떠나 답을 알 수 있었고, 나처럼 자습서 없이 공부한 학생들은 애매하기만 한 그 문제들을 맞히기가 영 어려울 수밖에 없었다.

'선생님이 시험 문제를 자습서에서 내다니….'

자습서 살 돈이 없는 나로서는 너무도 속상한 일이었다.

하지만 한두 번의 영어 점수가 인생을 크게 좌지우지하는 건 아니라는 생각이 들었다. 어쨌든 나는 나만의 즐거운 방법으로 영어 공부를 계속하고 싶었다. 그래서 그 후로도 영영사전을 손에서 놓지 않았고, 결국 고3 때는 늘 만점에 가까운 점수를 받게 되었다.

요즘 같은 디지털 시대에 영영사전을 탐독하는 것이 원시적으로 보일 수도 있겠지만, 영어에는 지름길이 따로 없다. 거북이처럼 한 걸음 한 걸음 정직하게 나아가다 보면 어느 순간부터는 토끼처럼 뜀

박질을 하게 되는 것이다. 영어 속담에 'Slow and steady wins the race'라는 말도 있지 않은가. 영어 단어 하나하나를 원어민이 공부하듯 차근차근 탐독했던 내 영어 공부법은 눈물겹도록 힘들고 우직한 방법이었다.

그렇게 공부해서 나는 고려대 영문학과에 장학생으로 입학했다. 공부 좀 한다는 친구들과 달리 나는 학원 근처에도 못 가봤고 과외 한번 받아보지 못했지만, 묵묵히 혼자 공부한 대가를 얻은 것이다.

사회생활을 시작한 이후로 백련산에는 못 가본 지 오래다. 이제는 마음에 여유가 생겨서인지 가끔 그 시절을 떠올리면 가슴에 뜨거운 것이 차오른다. 그런 한적한 공간이 나만을 위해 존재했다는 사실에 감사한 마음이 든다. 지금도 혹시 그 너럭바위에서 나처럼 공부하는 가난한 학생이 있을까?

해외연수에서도 안 가르쳐주는 알짜배기 팁들

## 영영사전으로 영어 공부하자!

우리의 초등학교 시절을 떠올려보자. 대부분의 선생님들이 낱말 뜻 찾아오기 숙제를 내주었고, 대부분의 학생들이 열심히 손가락에 침 묻혀가며 국어사전을 뒤져 숙제를 해갔다. 물론 '전과'를 베끼는 친구들도 있었지만, 적어도 내 기억에는 국어사전이 낱말 뜻 숙제의 기본 교재였다. 그렇다면 영어를 모국어로 하는 원어민들은 어떻게 영어 공부를 시작할까? 우리가 그랬던 것처럼 그들도 영영사전(그들의 입장에서는 국어사전)을 뒤져가며 낱말 뜻을 익힌다. 이것이 바로 우리가 영영사전을 활용해야 하는 첫 번째 이유다.

영어는 한 개의 단어가 다양한 뜻을 갖고 있는 경우가 많다. 특히 동사가 그렇다. 이런 뜻도 되고 저런 뜻도 되는 동사의 변화무쌍한 변신. 이것을 영한사전으로 공부하기에는 한계가 있다.

예를 들어 make라는 동사를 보자. 흔히 '만들다'라는 뜻으로 간단히 이해하고 있지만, make a decision결정하다, make a discovery발견하다 등의 쓰임새와 '도착하다' 예 We made the station in time to catch the train, '세어서 결과물을 얻다' 예 I make that $ 13. 15 altogether 등의 다양한 의미는 쉽게 떠올리지 못한다.

그런 이해를 가능하게 하는 것이 바로 영영사전에 나와 있는 예문들이다. 또 우리의 오랜 골칫거리인 전치사의 의미도 예문을 통해서만 정확하게 다가갈 수 있다.

고로 영영사전을 볼 때는 단어의 뜻풀이와 활용 예문을 모두 읽는 게 좋다. 격식을 차린 어법(formal usage)과 스스럼없는 사이에서 쓰는 어법(informal usage), 미국식 영어와 영국식 영어의 차이 등도 꼼꼼히 읽어본다. 영어 단어를 한국말로 바꿔 외우는 것은 금물. 영어를 그냥 영어 자체로 느끼는 게 중요하다. 또 영영사전을 볼 때는 입으로 뜻풀이와 예문을 소리 내어 읽도록 한다. 자신의 목소리로 읽은 부분을 녹음해서 다시 들어보는 것도 기억력을 높이는 좋은 방법이다.

### 추천 영영사전
- Longman Dictionary of English Language & Culture with color illustrations
- Longman Exams Dictionary
- Collins Cobuild Advanced Learner's English Dictionary
- Macmillan English Dictionary

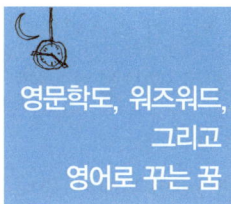

영문학도, 워즈워드, 그리고 영어로 꾸는 꿈

### My heart leaps up

My heart leaps up when I behold

A rainbow in the sky:

So was it when my life began;

So is it now I am a man;

So be it when I shall grow old,

Or let me die!

The Child is father of the Man;

And I could wish my days to be

Bound each to each by natural piety.

하늘의 무지개를 바라보노라면

내 마음은 뛰네

내 인생이 시작되었을 때 그러했고

어른이 된 지금도 그러하네

내 늙어서도 그러하리

그렇지 않다면 죽음을 다오!

아이는 어른의 아버지와 같다네

그리고 나는 바라네

자연에 대한 경건함으로 하루하루가 이어지기를.

내가 지금도 외우고 있는 이 시는 영국의 시인 윌리엄 워즈워드의 작품이다. 나 자신이 산에서 나무와 바위를 벗 삼아 공부했기 때문인지 그의 시가 풍기는 자연 찬미 사상에 왠지 끌렸다.

〈채털리 부인의 사랑〉으로 알려진 D.H. 로렌스 역시 내가 좋아했던 작가이다. 〈아들과 연인들〉, 〈무지개〉 같은 소설을 읽으며 로렌스의 앞서가는 사상과 지적인 문체에 반하고 말았다. 나중에 대학원 석사 논문 주제로 로렌스를 택할 정도였다.

대학에 들어와서 만난 영어는 그 전까지 배워온 입시용 영어와는 많이 달랐다. 가감 없이 날것 그대로를 경험하는 언어의 향연이랄까? 그냥 읽기만 해도 리듬이 느껴지는 셰익스피어의 소네트, 단순하면서도 명료한 헤밍웨이의 문체, 언어 자체 속으로 흠뻑 빨려 들어갈 것만 같은 제임스 조이스의 작품들……. 학교 도서관에 보석처럼 쌓여 있는 영어 소설들을 빌려 읽는 재미가 쏠쏠했다.

강의 시간에 듣고 보는 영어는 그야말로 '세련됐다'. 미국 하버드대에서 박사 학위를 받은 김우창 교수의 깊이 있는 영미 문학 비평, 제임스 조이스 문학 권위자인 김종건 교수의 열정적인 강의, 영문법 석학인 조성식 교수의 강의 등. 특히 자신이 좋아하는 제임스 조이스에 대해 이야기할 때마다 열변을 토하는 김종건 교수를 보며 '무언가를 좋아하면 열정이 생기는구나' 하는 생각을 하기도 했다.

'나의 열정은 무엇을 향해 있을까?'

사실 이런 고민을 해 볼 틈조차 없었다. 집안 형편은 여전히 나아지지 않았고, 일요일이면 과외 아르바이트를 네 군데씩 가야 했다.

두 시간씩 네 곳이면 하루 여덟 시간. 온몸이 물 먹은 솜처럼 피곤했지만 등록금과 용돈을 충당하려면 어쩔 수가 없었다.

청소년기 내내 문화생활에 굶주렸던 나는 과외를 하며 번 돈으로 영화도 보러 다니고 책도 사서 봤다. 그 시절에도 해외로 영어 연수를 떠나는 친구들이 있었는데, 내심 부럽지 않았다면 거짓말일 것이다.

'나도 무슨 방법이 없을까?'

뜻이 있는 곳에 길이 있다고, 서울 한복판에서도 영어연수를 할 수 있는 방법을 찾아냈다. 영국문화원에 회원으로 등록한 것이다. 지금도 그런 제도를 운영하고 있는지 모르겠지만, 그때는 연회비 5천 원을 내고 회원으로 등록하면 영국문화원 자료실에 있는 각종 영어 원서들과 영화, 드라마 등 비디오 자료들을 마음껏 볼 수 있었다. 영국문화원에서 접한 다양한 영어 자료들은 엄청난 영어연수 효과를 발휘했다. 영국식 발음과 영국 문화, 영국 사람들에 대한 간접체험을 충분히 할 수 있었기 때문이다. 비싼 회화 학원에 다니거나 해외 연수를 떠나지 않아도 양질의 영어 학습이 가능하다는 것을 몸소 깨달은 셈이다.

우리 학교 음향 도서실도 내가 애용한 영어학습 공간 중 하나이다. 개인 좌석마다 헤드폰과 기기가 있어서 어학 자료를 무한정 들을 수 있는 곳이었다. 강의와 강의 사이에 시간이 비면 무조건 그곳에 가서 미국 영어 테이프를 들었다. 주로 영어 회화나 뉴스 테이프를 듣고 따라 읽었는데, 그 공간에서는 다른 사람 의식하지 않고 내

로꾸거 김 선생

목소리를 낼 수 있었다. 처음엔 미국인들의 발음이, 특히 연음과 빠른 속도 때문에 알아듣기가 힘이 들었지만 반복적으로 듣다보니 점점 귀에 익숙해졌다.

많이 피곤한 날은 아예 거기로 자러 가기도 했는데, 그냥 잘 거면서도 반드시 헤드폰을 꽂았다. 왠지 자면서 들어도 도움이 될 것 같았다.

어느 날인가 영어 테이프를 들으며 설핏 잠이 들었다. 누군지 모를 노인 하나가 짙은 갈색 책상 앞에 앉아 글을 쓰고 있었다. 그의 등 뒤로 난 창 너머에는 아름다운 호숫가 정경이 눈이 시리도록 펼쳐져 있었다. 왜소한 몸집의 노인이 고개를 들었을 때 나는 깜짝 놀라고 말았다. 노인은 내가 그렇게도 흠모해마지 않던 흑백사진 속 워즈워드가 아닌가!

"워즈워드 선생님, 나는 당신의 시가 너무 좋습니다. 어떻게 하면 그런 시가 나올 수 있을까요?"

노인은 빙그레 미소를 지었다.

"대자연을 바라보노라면 저절로 시가 나온다네. 아이의 눈으로 바라보는 것이 중요하지."

"아이의 눈을 가진다는 게 어떤 의미인가요?"

"욕심을 버리고 순수한 마음을 가지면 된다네. 아무런 욕심 없이 말일세."

노인은 책상 위에 놓여 있던 원고지를 들고 창문 너머 햇살 속으로 빨려들어가듯 사라졌다.

퍼뜩 잠에서 깨어난 뒤로 한동안 정신이 멍했다. 세세한 영어 문장은 기억나지 않지만, 어쨌든 꿈속에서 나는 영어로 생각하고 영어로 대화했다. 우리말로 먼저 생각하고 영어로 번역하는 과정을 생략한 채 말이다. 하늘로 붕 뜬 것처럼 묘한 기분이었다. 많이 읽고 많이 듣고 또 많이 따라하다 보니 내 무의식 속에서는 어느 새 영어로 생각하고 말하는 게 가능해졌던 모양이다. 아마도 대학 2학년 중반쯤의 일일 것이다.

  그 후로 나는 의욕에 불타올라 영어 원서와 영어 테이프를 더욱 더 열심히 읽고 들었다. 특히 영어 테이프는 발음이 정확히 들리는 속도와 문장 이해 속도가 같아지면서 더 신나게 들었다.

  나는 점점 영어가 좋아졌다. 어쩌면 영어와 함께 먹고 살 운명이었는지도 모르겠다.

## 듣기의 임계질량을 채워라!

물리학에는 '임계질량(Critical Mass)'이라는 말이 있다. 핵 분열 물질이 연쇄반응을 일으킬 수 있는 최소한의 질량을 뜻한다. 예를 들어 우라늄이 핵분열을 한 번 일으키면 여기에서 2~3개의 중성자가 발생하는데, 이 중성자가 다음 우라늄 핵에 흡수되면 연쇄적으로 핵분열이 일어나게 된다. 이때 다음 우라늄이 일정 정도 이상의 질량에 못 미치면 중성자가 우라늄 핵에 흡수되지 못하고 밖으로 달아나 버린다.

영어 공부에도 발전이 있으려면 '일정량' 이상의 듣기가 필요하다. 그 양을 채우는 순간 속칭 '귀가 트인다'. 듣기의 임계질량은 사람마다 조금씩 다르지만, 일정 기간 동안 거의 하루 종일 영어 듣기에 노출이 되어야 한다는 것만은 공통적으로 적용된다. 그렇다면 듣기의 임계질량은 어떻게 채워야 할까?

처음부터 어려운 뉴스나 영어 드라마를 무작정 듣는 것은 큰 의미가 없다. 첫 단계는 반드시 '쉽고 재미있는' 것을 들어야 한다. 어린이 영어 동요나 '세서미 스트리트(Sesame Street)' 같은 어린이 교육 프로그램, '위 씽 트레인(Wee Sing Train)' 같은 어린이용 영어 비디오가 좋다. 그 속에 나오는 문장들이 어느 정도 기억되고 의미 파악이 될 때까지 반복해서 듣는다. 노래가 나오면 외워질 때까지 따라 부른다. 더불어 EBS 교육방송에 나오는 생활영어들을 반복해서 청취한다.

이런 식으로 영어 듣기를 하루 종일, 몇 주 이상 채우고 나면 영어의 발음이나 문장 구조들이 조금씩 익숙해지기 시작한다. 영어 꿈을 꾸는 것도 바로 이 시점이다. 그 다음부터는 자기 흥미에 맞는 듣기 자료들을 선별해서 들으면 된다. 영어 동화나 소설 오디오북도 좋고 간단한 영어 뉴스도 좋다. 집중해서 영어를 듣지 않는 시간(청소나 식사 시간)에는 AFN(미군방송)이나 BBC 라디오 채널을 틀어두는 것도 나쁘진 않지만, 이왕이면 자기 수준보다 너무 어렵지 않은 영어를 듣는 게 좋다.

듣기의 임계질량, '쉬운' 것들을 '반복적'으로 채워 넣자.

## Yankee go home과 TIME 사이에서

"반전 반핵, 양키 고홈(미국 놈들은 너희 나라로 돌아가라)!"

창 밖에서 들려오는 구호 소리가 요란했다. 또 집회가 있는 모양이었다. 동참해야 하나 말아야 하나 고민이 됐다.

내가 대학을 다니던 1980년대 중후반은 학생들의 집회가 격렬하던 시기였다. 화염병과 최루탄이 난무하고 그로 인해 다치는 학생이나 경찰도 많았다. 대학에 다니는 학생이라면 사회과학 서적이나 반정부적 성격이 짙은 세미나에 한번쯤 빠져볼 만한 시기이기도 했다. 이런 시기에 제국주의의 언어인 '영어'를 공부한다는 것은 지극히 이기적이고 속물적인 인간으로 비춰지기 십상이었다. 요즘 네티즌들의 언어로 치자면 '개념을 탑재하지 않은' 사람쯤으로 치부되는 것이다.

나도 1, 2학년 때는 선배들과 사회과학 세미나를 하며 이따금 집회에 참석하기도 했지만, 군중 속에서 목소리를 높이는 게 영 체질에 맞질 않았다. 2학년이 끝나갈 무렵, 동급생들의 따가운 시선을 뒤로 하고 '타임반'에 들어갔다. 미국 잡지 〈TIME〉을 강독하며 영어와 시사 공부를 하는 학내 동아리였다.

타임반에 처음 들어갔을 때 받은 충격이 지금도 잊히지 않는다. 발표 후에 이어지는 토론 시간에 서로 옳다고 자신 있게 싸우는 모습이 퍽 인상적이었다. 나는 알아듣지도 못하는 얘기들이었다. 영문학과 학생이 아니면서도 영어를 나보다 훨씬 잘하는 사람들이 수

두룩했다. 게다가 정치나 시사, 경제 상식들이 어찌나 풍부한지 기가 죽을 정도였다.

"〈TIME〉지는 배경 지식 없이 읽기가 힘든 잡지야. 그러니 다들 공부를 열심히 할 수밖에 없지."

선배가 귀띔해준 대로, 〈TIME〉지 한 페이지를 읽으려면 그보다 훨씬 많은 양의 배경 지식과 어휘력이 필요했다. 영어의 세계가 생각보다 훨씬 다양하다는 걸 그제야 알게 되었다.

어안이 벙벙해져 있는 내게 또다른 선배가 한 마디 툭 던졌다.

"오늘부터 a와 the만 빼고 모든 단어를 사전에서 찾아봐라. 네가 쉽다고 생각하는 단어도 모두 다시 찾아봐야 할 거야."

선배의 말이 잘 이해가 되지 않았다. 내가 그동안 해 온 영어가 몇 년인데, 아는 단어를 다시 찾으라고?

타임반은 일요일만 빼고 매일 모였다. 추석이나 설날은 물론이고 심지어는 남들 다 노는 축제 때도 동아리방에 모여 공부를 했다.

"이번 주 새로 나온 커버 스토리를 시작하겠습니다."

월요일이면 타임반 회장이 매주 새로 나오는 〈TIME〉지 커버 스토리 발표를 했다. 경영학과 출신이었던 회장은 발음이 좋고 발표력도 뛰어났다. 회원들 간에 이견이 생기면 정확하게 잡아주는 역할도 했다. 회원들의 수준에 맞춰 발표 담당을 정하는 것도 회장의 몫이었다.

나는 처음엔 비교적 쉬운 페이지를 맡았는데, 겨우 한 페이지를 가지고 하루 종일 끙끙댔다. 비유적인 단어에 대한 설명이나 시사 상식이 필요하면 도서관으로 달려가 영문 백과사전이나 웹스터 영영사전 대학용 판을 펼쳐봤다. 타임반에 들어가면서부터는 음향 도서실보다 도서관 열람실에 앉아 타임지 기사 해석하는 데 덜 골몰했다. 나는 단 한 번도 빠지지 않고 모임에 참석했다.

한 번은 'Where's the beef?' 라는 기사 제목을 붙들고 하루 종일 쩔쩔맨 적이 있다.

'고기가 어디에 있느냐는 뜻인가?'

하지만 본문 어디에도 고기와 관련된 내용은 없었다. 한참을 헤매다 선배에게 물어 보았더니, 이건 비유적인 표현이란다. 햄버거에 들어 있는 갖가지 재료 중에 고기가 제일 중요하다는 점에서, 내용이 없는 말을 하는 상대에게 '도대체 핵심적인 내용은 어디 있냐'고 반문할 때 쓰는 표현이었다. 〈TIME〉지에는 이렇게 비유적인 표현이 많았고 당시 미국의 정치, 사회, 문화를 알아야만 이해할 수 있는 표현 또한 많았다.

"아~!"

선배가 왜 아는 단어도 다시 찾아보라고 했는지 그제야 알 것 같았다. 내가 안다고 생각했던 단어들, 쉽다고 생각했던 단어들이 실제 기사 속에서는 너무도 다양한 뜻으로 쓰이고 있었기 때문이다. 그 일을 계기로 나는 다시 한번 영영사전을 탐독하게 되었다.

그렇게 어려운 〈TIME〉지였지만 2년 동안 열심히 하다 보니 나중에는 어려운 문장에 꽤 익숙해졌다. 좋아하는 기자도 생겼다. 하버드대 영문과 출신으로 비유나 말장난을 많이 쓰는 〈TIME〉지 간판 기자 랜스 모로(Lance Morrow). 당시 타임지 좀 읽어본 사람 치고

로꾸거 김 선생

그를 모르는 사람이 없었다. 영화 기사를 주로 쓰던 리차드 콜리스(Richard Corliss)와 대통령 동정을 자주 쓰던 휴 시데이(Hugh Sidey) 기자도 생각난다.

타임반에는 유난히 발표를 잘하고 유머까지 겸비한 선배가 있었다. 어쩌면 저렇게 완벽할 수가 있을까 하고 늘 감탄해 마지않았는데, 그 선배의 달변 뒤에는 감춰진 비밀이 있었다.

한번은 음향 도서실에 갔다가 그 선배가 타임지 원문을 소리 내어 읽고 있는 걸 발견했다. 같은 페이지를 읽고 또 읽고, 자신의 발표를 녹음해서 들어 본 후 또 읽는 것이었다. 원래부터 영어와 발표 능력이 뛰어난 사람일 거라고 생각했던 나는 적잖이 놀랐다.

그날 저녁, 선배가 술을 한잔 사주며 이런 얘기를 했다.

"내가 타임반 발표 모임에서 보여주는 모습은 철저하게 연출된 거야. 유머나 상식이 딸리지 않도록 늘 책을 읽고, 영어 발표 연습은 수십 번씩 하지. 말이라는 건 훈련하면 할수록 늘거든."

마치 물 위를 고요히 헤엄치는 백조가 물 아래로는 열심히 발을 놀리는 것과 같은 이치였다.

'세상에 그냥 되는 것은 아무것도 없구나.'

그 선배와의 술자리는 내게 큰 교훈을 주었다.

열심히 활동한 끝에 4학년 때는 나도 타임반 회장이 되었다. 고려대 타임반은 1956년도에 시작된 우리나라 대학 최초의 〈TIME〉지 동아리다. 외국 잡지를 전문적으로 공부하는 한국 대학생들의 모습이 미국 현지인들에게도 신기하게 보였는지, 1992년도에는 우리 동아리가 〈TIME〉지에 실리기도 했다. 그렇게 유서 깊은 동아리의 회장이 되었다는 것 자체로 보람이 있었지만, 무엇보다 영어와 상식을 깊이 있게 공부할 수 있어 좋았다.

 그런 경험을 바탕으로 나중에 〈TIME을 제대로 읽는 법〉과 〈TIME Vocabulary 뿌리 뽑기〉라는 책을 썼다. 두 권 모두 밤을 새워가며 코피 터지게 썼지만, 크게 빛을 보지는 못했다.

 토익 강사를 시작한 후로는 타임지를 거의 본 적이 없다. 다음날 발표할 친구에게 술을 잔뜩 먹여 보낸 다음, 나는 어떤 어려운 질문으로 그 친구를 곤란하게 만들까 밤새 연구하던 기억이 새삼 떠오른다. 함께 열띤 토론으로 영어의 세계를 휘젓고 다니던 그때 친구들, 선배와 후배들. 어떻게들 지내고 있을까? 그래도 가끔씩은 〈TIME〉지를 읽으며 그 시절을 회상하겠지?

## 쉬운 영어와 어려운 영어 골고루 먹자!

미국에서 발간되는 〈TIME〉지는 우리나라로 치면 〈신동아〉나 〈월간 조선〉 같은 어렵고 딱딱한 시사 잡지다. 평소에 이런 잡지를 읽는 한국 사람이 몇이나 될까? 우리말을 한창 배우는 학생들에게 이런 잡지만 골라 읽으라고 한다면 아마 십중팔구는 '글읽기' 자체를 싫어하게 될 가능성이 높다. 왜냐면 너무 어렵고 재미가 없으니까.

영어를 공부할 때는 쉬운 글과 어려운 글을 골고루 읽어야 한다. 굳이 비율을 따지자면 쉬운 영어 : 어려운 영어 = 70 : 30 정도. 쉬운 영어로는 동화책, 중학교 교과서, 〈Reader's Digest〉 등을 꼽을 수 있다. 어려운 영어로는 내가 대학시절 줄기차게 읽었던 〈TIME〉 같은 잡지나 〈Herald Tribune〉 같은 신문, CNN이나 BBC 같은 방송 기사 등을 꼽을 수 있다.

영어 왕초보라면 100퍼센트 쉬운 영어로 시작하고, 어느 정도 기본이 있는 초급인 경우 쉬운 영어를 80퍼센트 정도로 배분하는 게 좋다. 누가 어떤 기준을 제시하든 간에 가장 좋은 것은, 자기 스스로 '재미가 느껴져 읽고 싶은' 것들을 중심으로 읽는 게 좋다는 것이다.

## 토익의 본고장, 일본에서 히트를 치다

'百聞이 不如一見'

나는 이 말을 떠올릴 때마다 사람에게 '경험'이 얼마나 중요한지 새삼 생각해 보게 된다. 수백 번 남의 입을 통해 들어 봐야 소용이 없고, 자기 눈으로 한 번 직접 보는 게 낫다는 얘기다. '본다'는 것은 '경험한다'는 뜻과도 통한다. 이런 맥락에서 나는 1997년부터 꾸준히 토익 시험을 치르고 있다. 학생들에게 토익을 가르치는 사람이 토익의 실체를 알지 못한다는 건 말이 안 되기 때문이다.

내가 막 영어 강사로 발을 들여놓은 1990년대 초반은 토플(TOEFL)의 시대였다. 각 대학마다 개설된 저렴한 토플 강의에 대학생들이 몰려들었고, 한 달에 수백만 원을 버는 스타 강사도 여럿 있었다. 토플 강의 외에는 어휘나 독해 강좌가 인기를 끌었는데, 당시 대학원 3학기에 다니고 있던 나는 유학 자금도 벌 겸 공부도 할 겸 해서 어려운 '타임독해' 강좌를 열었다.

타임독해 강좌를 1년 정도 하면서 느낀 것은 '수입은 결코 실력순이 아니다'라는 웃지 못할 사실이었다. 신림동 고시촌의 학원가에서 내가 받은 월급은 고작 50만 원이었다. 서울대 대학원 입시가 끝나면 그 일대 학원 강사들은 시험 문제를 빠른 시간 안에 구해 해답 풀이를 해줘야 인기를 유지할 수 있었다. 언젠가 한번은 토플 강사 몇몇이 내게 밥을 사주며 서울대 대학원 입시 문제를 함께 풀어 보자고 했다. 쉬운 듯하면서도 까다로운 문제들이 많았지만 나는 성의껏 해답을 내놓았다. 그들의 강의 준비에 상당한 도움을 주었건만, 나는 밥 한 끼 얻어먹은 게 전부였고 그들은 수백만 원의 수입을 올렸다.

'학문적 즐거움도 좋지만 뭔가 새로운 전기를 마련해야겠다.'

마침 1995년부터 토익의 인지도가 높아지기 시작했고 기업들도 신입 사원을 채용할 때 실용적인 토익 점수를 요구하게 되었다. 나에게 토익은 전혀 새로운 영역이었지만, 아직 토익 전문 강사가 없다는 면에서 도전해볼 만했다. 처음엔 연세어학당, 서강대, 숙명여대, 홍익대 등 서울 시내 대학에서 강의를 하다가 1996년 YBM 시사어학원(종로 본원)에 입사해 본격적으로 토익 강의를 하기 시작했다.

'토익처럼 쉬운 강좌를 가르치면서 따로 수업 준비할 필요가 있을까?'

솔직히 나는 토익 수업이 만만해 보였다. 어렵게 꼬인 문장들과 비유법들로 가득한 〈TIME〉지 기사 공부만 몇 년을 해왔던가. 거기다 문법책이라면 몇 페이지에 어떤 내용이 나오는지 꿰고 있을 정도로 훤했다. 내가 알고 있는 지식만으로도 충분히 토익을 가르칠 수 있을 거라 믿어 의심치 않았다.

그런데 어찌된 일인지 수강생의 숫자가 점점 줄어들었다. 한 반에 10명을 넘기기가 쉽지 않을 정도였다.

'내 수업이 그렇게 재미가 없나?'

며칠 동안 고민한 끝에 번쩍 드는 생각이 있었다. 수강생들이 원하는 바가 무엇인지 처음부터 다시 생각해 보자는 것이었다.

"제가 영어책 덮은 지 5년이나 됐습니다. 잘 부탁드립니다."

학원을 찾아오는 학생들은 대개 이렇게 첫인사를 대신하곤 했다. 영어 책을 덮었다는 게 무슨 뜻일까?

아하! 그들은 쉬운 강의를 원하는 것이었다. 대학입시가 끝남과 동시에 영어 공부를 더 이상 하지 않던 사람들이 취업이나 승진을 위해 다시 영어책을 폈으니, 무슨 얘기든 귀에 쏙쏙 들어가게 쉬워야 했다. 그럼에도 불구하고 내 강의는 '타임'을 강의하던 눈높이에 맞춰 어렵고 이론적이기만 했던 것이다. 그렇다면 눈높이의 차이를 어떻게 극복할 것인가?

쉽게 강의하려면 오히려 준비를 많이 해야 한다. 무엇보다 토익 시험의 실체를 속속들이 아는 게 우선이었다. 그래서 생각해낸 방법이 나 스스로 수험생이 되어 토익 시험을 치러 보자는 것이었다. 그렇게 1997년 1월부터 치르기 시작한 토익 응시 경험이 현재까지 100회를 넘었다. 시험 경향을 파악하고 문제 유형을 분석하기 위해 시험을 보는 것이기 때문에 늘 만점을 받을 수는 없지만 지금껏 여러 차례, 꾸준히 만점을 받고 있다.

계속해서 시험을 보는 동안 시험의 규칙이나 출제 유형 등이 눈에 보이기 시작했고, 사지선다형 문제의 경우 A, B, C, D 각 항목별 정답 비율이 일정하다는 것까지 알게 되었다. 이렇게 나만의 노하우가 쌓여 수업은 점점 쉬우면서도 알차게 진행되었다. '매월 시험을 보는 토익 만점 강사'로 소문이 나면서 수강생도 대폭 늘었다.

토익 붐과 더불어 내 수업을 듣겠다고 몰려드는 수강생들 덕분에 나는 어학원 내에서 가장 큰 강의실을 배정 받았다. 한 번에 160명을 수용할 수 있는 강의실에서 하루에 8번 강의했으니 하루 평균 수강생 숫자가 1천 명을 넘어선 셈이었다. 내 특강을 듣기 위해 몰려든 사람들이 어학원 골목을 가득 메우는 것도 모자라, 밤을 새서 번호표를 받아야 등록할 기회가 주어지는 사태까지 벌어졌다.

'내 인생의 황금기가 있다면 바로 이 순간일까?'

어학원 밖으로 펼쳐진 수강생들의 대열을 보며 나는 뿌듯한 감동을 받았다. 이 땅의 토익 응시생들에게 뭔가 힘이 되어주는 것 같아 내 자신이 조금은 자랑스럽기도 했다.

그렇게 승승장구하며 토익 만점 강사로 이름을 날리던 중 뜻하지 않은 위기가 닥쳤다. 동료 강사가 나를 토익위원회에 '문제 유출' 혐의로 고발한 것이었다. 시험을 치르면서 문제를 외워두었다가 학생들에게 가르쳤는데, 이것을 문제 삼은 것이다. 이 때문에 나는 2001년부터 2년 간 국내에서 토익시험을 칠 수 없게 됐다. 토익강사에게 토익응시 기회 박탈이라니, 마치 사형선고와 같았다.

"어떻게 이런 일이!"

나는 배신감에 치를 떨었다. 함께 일하는 사람이 나를 고발했다는 사실이 믿기지가 않았다. 사람에 대한 신뢰를 잃어 본 건 그때가 처음이었다.

그러나 '위기는 곧 기회'라고 했던가? 내가 몸담고 있던 어학원 대표가 낙담하고 있는 내게 한 가지 제안을 했다.

"주말 강의를 쉬게 해 줄테니 일본에 가서 시험을 보는 건 어떻겠나?"

일본에서의 토익 응시라…. 한번도 생각해 본 적이 없었다. 아마 그런 사건이 일어나지 않았다면 일본에서 토익 시험 볼 일은 평생 없었을 것이다. 마침 내 사정을 알게 된 몇몇 분들이 도움을 주어 일본에서 첫 토익 시험을 치르게 되었다.

"자, 시험 종료합니다. 모두들 그만하세요."

감독관의 지시에 일본인 수험생들은 일시에 펜을 놓았다. 한국처럼 기를 쓰고 한 문제라도 더 풀려는 사람은 보이지 않았다. 아무래도 한국보다는 토익 점수로 인한 스트레스가 적은 모양이었다.

일본에서 본 토익 시험 결과는 만점. 그 후로 나는 두 달에 한 번 꼴로 일본행 비행기에 올랐다. 토요일 오후 일본에 도착해 하룻밤을 자고 일요일 시험을 본 후 바로 서울로 돌아오는 일정이라 몸도 피곤하고 돈도 꽤 많이 들었지만, 결과적으로는 내게 좋은 기회가 되었다.

'한·일 양국 토익 동시 만점 강사'

일본에서도 거듭되는 만점 행진 덕분에, 나에게는 이런 타이틀이 붙었다. 그러던 중 내 수업을 듣던 학생이 일본의 유명 출판사인 '고단샤'에 내 책을 보냈다. 그 일을 계기로, 이미 한국에서 출간해 베스트셀러가 된 〈토익 답이 보인다〉가 2003년 7월에 일본에서 번역 발간되었다. 더불어 문제집 시리즈까지 번역되어 도합 30만 부 이상 팔려 나갔다.

알다시피 토익은 일본에서 미국에 의뢰해 만든 시험이다. 우리나라보다 토익 역사가 긴 일본에서 한국인 강사의 책이 30만 부나 팔렸다는 것은 흔치 않은 일이다. 일본의 출판 시장이 우리보다 크다고는 하지만 어학 분야 하나만을 놓고 볼 때 10만 부 이상이면 베스트셀러라고 한다.

 로꾸거 김 선생

    토익이라는 강물에 뛰어든 지도 어언 10년. 토익 명강사로 이름을 날렸고 베스트셀러의 저자도 되었다. 내 강의를 듣고 토익 점수가 몇백 점씩 올라 취업이나 승진에 성공했다고 고마워하는 사람들도 많아졌다. 쉬지 않고 헤엄쳐 산과 강을 휘휘 돌아 광활한 바다에 도달한 기분이 들었다. 그 바다가 내 영어 인생의 종착점인 줄로만 알았다. 하지만 그건 크나큰 착각일 뿐이었다.

## 뉴토익 고득점의 비법을 알려주마

2006년 5월부터 시행된 뉴토익은 쉽지 않은 시험이다. 리스닝 파트에는 영국, 미국, 캐나다, 호주, 뉴질랜드 등 다양한 영어 발음이 등장하고, 리딩 파트에 제시되는 지문들은 상당히 길어져서 정해진 시간 내에 문제를 다 푸는 학생들이 드물 정도다. 지문의 전체적인 흐름을 이해해야만 답을 찾을 수 있는 문제들도 많아졌다.

뉴토익을 잘 보려면 요령이나 비법보다는 '기본기'를 키우는 게 중요하다. 우선 리스닝 파트. 시험 문제와 유사한 유형의 리스닝 자료를 반복해서 듣는다. 모의고사 문제를 풀 때는 긴 지문을 듣고 빠른 시간 안에 내용을 파악하는 훈련이 필요하다.

리딩 파트는 역시 시험과 비슷한 유형의 문제들을 많이 풀어 보되, 왜 이것은 답이 되고 저것은 답이 되지 않는지를 정확히 아는 것이 중요하다. 답이 되지 않는 단어들을 영영사전에서 찾아 정확한 쓰임새와 의미를 파악하도록 한다.

이와 더불어 파트 7에 나오는 지문들처럼 긴 글을 빠른 시간 안에 읽으며 내용을 파악하는 훈련도 필요하다. 특히 집중력을 잃지 않도록 한다. 문법적인 부분은 각자의 수준과 취향에 맞는 문법책을 골라 읽되, 토익에 자주 나오는 문법을 제대로 이해하는 것이 좋다. 답을 찍어서 맞힌 문제들이라면 특히 정확하게 이해하고 넘어가야 한다. 리딩 파트에서 '무조건 암기'는 장애물이 된다는 사실을 인지할 것.

토익 시험의 효용성에 대해 여전히 말들이 많지만, 내가 보기에 토익 시험 자체는 실용적인 내용으로 가득 차 있다. 그 내용을 자기 것으로 만들지 않고 시험 점수로만 활용하는 게 문제다. 토익 시험에 나오는 생활영어, 비즈니스 영어, 문법, 독해 등을 머리로만이 아니라 말과 글로도 충분히 표현할 줄 아는 사람이 된다면, 세상 어디에 가든 영어 때문에 답답한 상황은 벌어지지 않을 것이다.

단, 높은 토익 점수를 따기 위해 어학 연수를 가는 것은 제발 삼가자. 영어 학습, 특히 토익과 관련해서 우리나라만큼 좋은 교재들이 잘 정리되어 있는 나라도 드물다. 영어권 국가는 물론 이웃 나라 일본보다도 잘 구비되어 있다. 그런데도 토익 점수 올려 보겠다고 비싼 돈 들여 해외 연수를 떠나는 것은 그야말로 돈 낭비인 셈이다. 가까운 서점과 인터넷 사이트에 우리가 필요로 하는 모든 토익 기초 자료가 보물처럼 쌓여 있다. 그 보물들부터 충분히 활용하자.

**영어 강사가 반한
영어 고수들**

"Hello Everyone~ 여러분 안녕하세요? 모닝스페셜 이보영입니다."

"Hi Everyone~ My name is Issac."

1990년대 중반부터 2000년 초반까지 영어에 관심 좀 있다는 사람이라면 누구나 즐겨 들었던 EBS '모닝스페셜'. 오프닝은 늘 헤드라인 뉴스와 더불어 이보영, 아이작 두 선생님의 인사말로 시작되었다. 이 유명한 방송을 나는 2003년도에서야 처음 들었다. 내가 EBS 라디오 〈이지 토익〉이라는 프로그램을 맡게 되면서부터였다.

이보영 선생님은 내게 특별한 기억으로 남아 있는 분이다. 몇 년 전 영어캠프에서 처음 만났는데, 나를 보며 먼저 인사를 하는 게 아닌가?

"김대균 선생님, 사인 좀 해 주세요!"

"예? 무슨 제 사인을요……."

"아이~ 유명하신 분이잖아요~."

원어민들 사이에서 '완벽에 가까운 영어를 구사하는 한국인'으로 꼽히는 것은 물론 방송 경력도 나보다 훨씬 많으신 분인데, 나에게 사인을 해달라니!

나중에 들은 얘기로 이보영 선생님은 자신이 잘 모르는 부분이 생기면 반드시 원어민 강사에게 자문을 구해 '배우는 자세'를 견지하고 있단다. 그렇게 겸손하고 타인을 존중하는 분이라서 영어를 잘 하는 건 아닐까 하는 생각이 든다. 나는 이보영 선생님에게 사인을 해 드리고 나도 선생님의 사인을 한 장 받았다.

"저는 그냥 동네 작은 학원에서 가르쳐도 즐거울 것 같습니다."

이 한마디로 미루어 짐작컨대, 이보영 선생님은 정말로 영어 가르치는 일을 즐기는 분인 것 같다.

EBS 강사들 중에 가장 친한 사람은 이근철 선생님이다. 1990년대 초반에 특강을 계기로 인연을 맺어 지금껏 친분을 유지하고 있다. 이근철 선생님은 영어 공부를 습관처럼 하는 사람이다. 식당이나 길거리는 물론 심지어 극장에서까지 영어 표현을 곧바로 따라할 정도다. 언젠가 둘이서 미국 영화를 보러 간 적이 있는데, 영화 제목은 생각나지 않지만 내 자신이 몹시 안절부절 못했던 기억은 난다. 1인 5역 주인공의 대사를 이근철 선생님이 계속 따라하는 바람에 여기저기서 따가운 눈초리를 받아야 했다. 그렇게 영어공부를 열심히 했으니 지금 위치에 있는 것도 당연한 것이리라.

그 밖에도 스티브 정, 김정호, 김경선 선생님 등 내 주위에는 정말 뛰어난 강사들이 많다.

같은 방송국에서 활동하는 강사들의 모임에 처음 참석했을 때 나는 신선한 충격을 받았다.

"안녕하세요? 저는 얼마 전부터 토익 강좌를 맡게 된 김대균이라고 합니다."

"와우~ 환영합니다~."

화려한 외모에 세련된 옷차림, 그리고 유창한 언변. 그들은 가히 'Edutainer(Education+entertainer)'라고 불러도 좋을 만한 사람들이었다. 저녁을 함께 한 후 노래방에 갔을 때는 그들의 철철 넘치는 끼에 압도당하고 말았다. 가창력뿐만 아니라 노래 소절 소절마다 감정이 실린 멋들어진 표현력에 내 가슴이 다 울렁거리는 것이었다.

"목소리가 춤을 추게 하세요."

EBS 토익 강의 첫 녹음을 할 때 연출자가 내게 조언해준 말인데, 그게 무엇을 뜻하는지 그들을 보면 알 수 있었다. 그들과 함께 술자리를 하면 자연스러운 영어가 여기저기서 들려왔다. 한국말만큼이나 영어를 잘하는 사람들이었다. 깔깔거리는 웃음 소리와 가벼운 농담들. 같은 영어 교육계에 몸담고 있는데도 나는 그들과 전혀 다른 분위기를 풍기고 있었다. 늘 말이 없는 편인 데다 평범하기 만한 옷차림. 점점 마음이 가라앉는 걸 부정할 수가 없었다.

'저 선생님들과 나는 왜 이렇게 다른 걸까?'

토익 강사로서 승승장구하던 내 모습은 간데온데없고, 상대적으로 내 자신이 너무도 초라하게 느껴졌다. 나는 그저 영어의 바다에 떠 있는 한 척의 배일 뿐, 그 바다에는 다른 화려한 배들과 다양한 섬들이 존재하고 있었던 것이다.

이런 고민들 때문에 생활의 리듬이 깨진 것인지, 아니면 체력이 바닥난 것인지 몸까지 아프기 시작했다. 아침에 눈 뜰 때마다 피로감을 이겨내기가 힘들어졌다. 하루에 8시간씩, 그것도 이른 아침부터 늦은 밤까지 강의를 해대니 몸이 남아날 턱이 없었다. 사실 영어 강사는 정신노동과 육체노동을 집중적으로 해야 하는 직업이라 건강이 상하기가 쉽다. 나와 입사 동기였던 동료 강사 한 분은 더 이상 목소리가 나오지 않아 몇 달을 버티지 못하고 그만두었고, 어느 젊은 강사는 과로를 한 끝에 뇌출혈로 쓰러지기도 했다. 그런 모습들을 기억하고 있는 터라 내심 위기감이 몰려왔다.

그 즈음 토익이 새롭게 바뀌고 말하기와 쓰기 시험이 도입된다는 소식이 들려왔다. 그동안 토익 고득점자들이 제대로 영어를 구사하지 못한다는 비판이 높았던 탓이다. 시대의 흐름마저 내게 '변화'를 요구하고 있었다.

'나의 영어와 나의 건강. 변화를 줄 때가 온 모양이다. 그런데 무엇을 어떻게 해야 하지?'

우선 화려하고 실력 있는 회화 강사들을 관찰해 보기로 했다. 그들은 기본적으로 성격이 외향적이고 수다를 즐겼다. 그렇다 보니 '영어로 말하기'가 일상이 되고, 이것이 자신감으로 이어져 언제 어떤 자리에서든 유쾌한 분위기를 연출하는 것이었다. 어찌 보면 영어로 말하는 것 자체가 생활이라고 할 수 있었다.

그에 비해 나는 어떤가. 하루 종일 영어와 관련된 '한국어로 말하기'가 생활이다. 그러니 자연 영어로 말하는 뇌의 영역은 점점 줄어들 수밖에 없다. 게다가 강의 시간 이외에는 말을 잘 안 하는 편이고 성격마저 내성적이다. 나는 영어를 '말'로 즐기고 '커뮤니케이션' 수단으로 이용하던 시절을 까맣게 잊은 채, '시험용' 영어만 해 온 것이었다.

'말과 의사소통 수단으로서의 영어를 다시 시작하기엔 내가 너무 늦은 것일까?'

한동안 자괴감에 빠져 있는 내게 오래 전부터 알고 지내는 강사한 분이 조언을 해주었다.

"회화를 잘하는 사람들이 막상 토플이나 토익 시험을 치면 점수

로꾸거 김 선생

잘 안 나와요. 각자 자기가 가장 잘할 수 있는 영역이 있는 거죠. 김 선생님은 토익 시험에 관한 한 누구보다 전문가잖아요? 그걸 바탕으로 영어 말하기와 쓰기 실력을 쌓으면 되지 않을까요?"

그의 말은 내게 큰 용기를 주었다. 하긴 그동안 토익 시험을 하도 많이 봐와서, 이제는 시험 난이도를 분석하거나 문제 유형을 연구하는 데에는 도사가 다 되었다. 여기까지 온 것도 나름대로는 가치 있는 일이 아니겠는가.

토익 수업에 생생한 영어 말하기 과정을 접목시켜 보기로 했다. 그 첫 번째 시도는 원어민 강사와 함께 EBS 〈뉴토익〉 강의를 하는 것이었다. 청취자들이 토익 공부를 하면서 동시에 원어민의 발음과 영어권 문화에도 노출되는 기회를 만든 것이다. 여기엔 내 스스로의 영어 공부를 위한 포석도 깔려 있었다. 사실 누군가와 영어를 수단으로 말하며 의견을 주고받는 시간이 내게도 별로 없었던 탓이다.

2006년 8월부터 함께 〈뉴토익〉 강의를 시작한 원어민 강사 Sammi. 우리가 전화를 잘못 걸었을 때 수화기를 통해 흘러나오는 영어 목소리의 주인공이기도 하다. 원래 의학을 전공하다 심리학 공부로 방향을 바꿨다는데, 어찌나 학구적인지 방송 녹음실에서도 틈틈이 전공서적을 펼쳐놓고 읽을 정도였다. 게다가 영영사전을 항상 가지고 다녔다. 미국 사람임에도 불구하고 더 나은 영어를 구사하기 위해 늘 영어 공부를 하는 것이다.

"저는 아기가 두 개 있어요."

한국인 남자와 결혼해 14년 간 한국에 살면서도 그녀의 한국어 실력은 겨우 이 정도였다. 영어 감각을 잃지 않기 위해 일부러 한국어를 배우지 않는다는 것이다.

사실 그녀와 처음 만났을 때, 내 머릿속은 뒤죽박죽이었다. 하고 싶은 말들이 죄다 '한국어'로 먼저 떠오르고, 그걸 영어로 바꾸느라 머리를 굴리다 보면 말이 쉽게 입 밖으로 나오지 않는 것이었다. 주어와 동사의 수 일치, 시제 일치 등, 머리에 박혀 있는 문법들을 내가 말하고 싶은 문장에 적용시키느라 시간이 걸리는 탓이었다.

다행히 Sammi는 여유 있는 태도로 내 얘기를 들어주었고, 시간이 흐르면서 나도 영어로 말하는 게 조금씩 익숙해졌다. 영어로 어떻게 표현해야 할지 모르는 문장들이나 애매한 토익 문제를 물어 보면 언제나 고급스러우면서도 명쾌한 답을 제시해주었다. 무엇보다도 그녀는 내게 영어로 말하는 '맛'을 알려준 고마운 선생님이다.

어느 날 Sammi가 내게 이런 질문을 던졌다.

"미스터 김, '나한텐 눈 없는 사슴이 있다'를 뭐라고 하는지 알아요?"

한참을 고민해 봐도 내가 아는 영어 단어에는 없는 항목인 것 같아 두 손 들고 포기했다.

"정답은 'I have no idea'예요."

"네? 하하하~!"

정답을 듣고 나서야 내 입에선 웃음이 터져 나왔다. 이건 'no idea'와 'no eye deer'의 발음이 같다는 데에 착안한 일종의 말장난이었던 것이다.

말장난을 영어에서는 pun이라고 하는데, Sammi는 pun뿐만 아

로꾸거 김 선생

니라 라임(rhyme 운율 맞추기)도 자주 가르쳐주었고, 이런 것들을 뉴토익 강좌 녹음에 활용하기도 했다.

> Mr. Kim  I don't know what you are talking ABOUT, so please don't SHOUT!
> 무슨 말을 하는지 모르겠어요. 소리지르지 마세요.
>
> Sammi  You're rhyming!
> 운율 맞추기를 시작하는군요!
>
> Mr. Kim  Are you SURE? I think you just want to LURE our listeners.
> 정말? 당신, 우리 청취자들을 유혹하고 싶어 하는 것 같은데요.
>
> Sammi  If I want to RHYME, I can do it at any TIME. All it takes is some TIME to make my rhyme SHINE!
> 운율 맞추기를 하고 싶으면 난 아무 때나 할 수 있죠! 다듬기 위해 시간이 좀 필요할 뿐이죠!

재미있고 생생한 영어의 묘미가 느껴지는 시간들이었다. Sammi는 지금 떠나고 없지만, 그토록 프로다운 강사와 함께 일하며 나의 영어를 확장시킬 수 있었던 것은 크나큰 행운이었다. 요즘은 영국 출신의 Baya와 함께 EBS〈뉴토익〉을 진행하고 있다. 한국 문화를 좋아하고 특히 태권도를 사랑하는 Baya도 요즘 나의 영어 공부에 많은 도움이 되고 있다. 그녀의 영국식 발음을 수시로 따라하고 영국 문화에 대해서도 이것저것 많이 묻게 된다.

가장 늦었다고 생각할 때가 가장 빠르고, 시작은 절반이나 다름 없다고 했다. 너무 오랫동안 굳어 있던 영어 뇌를 깨우기 시작했으니, 이제 열심히만 하면 되는 거였다.

어느 날 나는 서울 시내 한복판에 우뚝 선 남산을 향하고 있었다. 간편한 트레이닝 복장에 mp3 플레이어 하나 들고서. 건강도 챙기고 영어도 하기 위한 나만의 프로젝트가 진행되고 있었다.

## 영어 뇌 VS 한국어 뇌

　뇌신경 학자들의 연구에 의하면 우리의 두뇌에는 영어에 반응하는 영역과 한국어에 반응하는 영역이 각기 다르다. 중국어를 배우는 이탈리아인이나, 일본어를 배우는 독일인을 대상으로 실험을 해 봐도 모두 자국의 언어와 외국어를 인식하는 두뇌 영역이 다르다고 한다. 이 말은 우리가 영어를 배울 때 한국어를 철저히 배제한 채 영어 뇌를 활성화시켜야 한다는 뜻과 통한다. 하루의 대부분을 한국어에 할애하면서 영어가 늘기를 바라는 건 과학적으로도 불가능하다고 입증된 셈. 일정 기간 오로지 영어만을 듣고 읽고 말하고 쓰는 기간을 거쳐야 영어 뇌가 확장되는 것이다. 역으로 한국어로 된 글 읽기를 오랫동안 소홀히 하거나 유려한 한국어 대화에 오랫동안 노출되지 못하면 그만큼 한국어 뇌도 작아진다.
　고로 자신에게 지금 당장 필요한 것이 영어 뇌인지 한국어 뇌인지를 파악하고, 그 뇌를 확장시키는 데 전력을 다할 일이다.

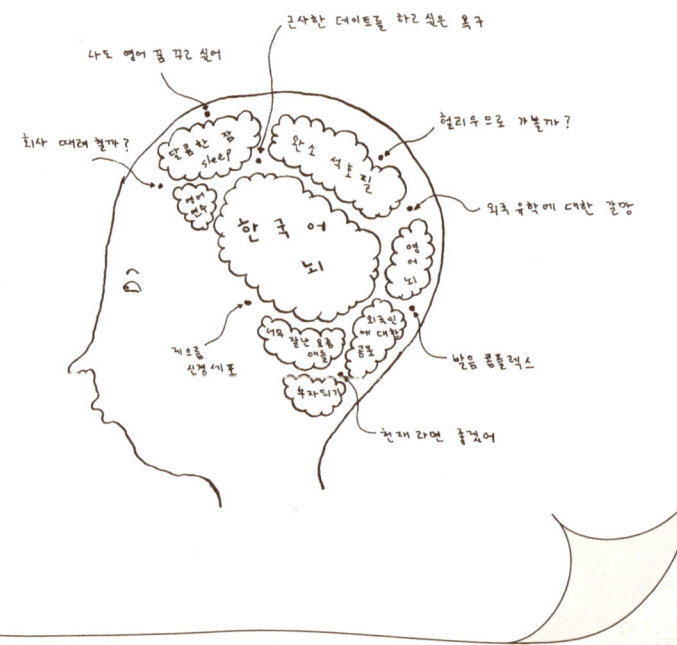

> **로꾸거 로꾸거
> 남산 위의 김 선생!**
>
> 어제도 거꾸로 오늘도 거꾸로 모든 건 거꾸로 돌아가고 있어 ♪ 내일이 와야 해 행복의 시계가 째깍째깍 돌아가겠지 ♪ 째깍째깍째깍 원투쓰리포파이브씩스 Go! ♪

아이돌 그룹 슈퍼주니어의 노래처럼 삶에 '거꾸로'를 대입시키면 어떻게 될까? 내가 겪은 바로는 퍽 재미난 일들이 벌어진다.

영어 유학의 꿈을 갖고 〈TIME〉지나 GRE를 강의하던 시절에는 배가 고플지언정 어휘력이나 영어 생활은 풍성했다. 토익을 강의하면서부터는 경제적인 여유가 생긴 대신 영어가 빈곤해졌다. 사용하지 않는 두뇌 영역이 시간이 흐를수록 줄어든 탓이다.

EBS에서 〈English Go Go(E.G.G.)〉를 진행하고 있는 선킴 선생님도 언젠가 비슷한 얘기를 한 적이 있다. 미국에서 생활하다가 한국으로 들어온 후 주로 청취 강의를 진행하다 보니, 영어로 말하는 게 점점 어색해지더란다. 다행히 〈E.G.G.〉를 진행하면서부터 다시 영어 말하기가 자연스러워졌다고 했다. 실제로 내가 아는 유학파 강사들 중에는 회화 학원에 다녀볼까 고민하는 사람도 있다. 한국어를 쓰는 나라에서 살다 보면 영어로 말할 기회가 거의 없어 회화 실력이 점점 줄어 드는 게 느껴진단다. 해외파 강사들도 이런데 순전히 국내에서만, 그것도 말하기와 쓰기가 배제된 토익 강의만 해 온 나는 어떻겠는가?

　나는 빈곤해져버린 영어를 예전 상태로 되돌리기 위해 매일 오전과 저녁 강의 사이에 새로운 스케줄을 첨가했다.
　"하루 한 시간씩 남산에서 운동하며 영어 공부하기."
　두 마리의 토끼를 동시에 잡겠다는 야심 찬 프로젝트였다. 약간 숨이 찰 정도로 빠르게 걸으며 귀에 이어폰을 꽂고 영어 mp3를 들었다. 주로 영어 뉴스나 재미있는 영문 오디오 파일들이었다. 그런데 나의 영어 뇌가 상당히 굳어버린 탓인지, 영어로 생각하고 영어로 말하던 시절의 실력은 쉽게 돌아오지 않았다. 오히려 강의 준비 시간 이외에 또 영어를 듣는 게 피곤하다고 느껴질 정도였다. 뭔가 비책이 필요했다.
　어느날 오후, 남산의 한적한 오솔길을 걷고 있던 나는 엉뚱하게도 뒤로 걷기 시작했다. 특별한 의도가 있었던 건 아니고 그냥 한번 해본 행동이었다. 자꾸만 뒤쪽에 장애물이 있는 것 같아 신경이 쓰이고 걸음걸이도 뒤뚱뒤뚱 영 이상했다.
　"아이고 다리야~."
　그날 밤, 나는 허벅지와 종아리 여기저기가 쑤셔서 잠을 제대로 이룰 수 없었다. 안 쓰던 근육을 갑자기 썼으니 몸속에서 아우성을 칠 만도 했다. 퍼뜩 이런 생각이 들었다.
　'안 쓰던 근육도 갑자기 쓰면 이렇게 저항이 심한데, 하물며 10년을 걸어 잠그고 쓰지 않던 두뇌야 오죽할까?'
　더불어 드는 생각은, 이렇게 안 쓰던 근육을 쓰다 보면 경직된 두뇌 영역도 자극을 받지 않을까 하는 것이었다. 뇌는 몸동작에 의해 자극 받는다는 과학적 근거도 있잖은가.

다음날부터 나는 남산에 올라가 거꾸로 걷기 시작했다. 이상하게 자꾸 웃음이 났다. 내성적인 성격에다 체면을 중요하게 생각하던 내가 이런 행동을 한다는 게 스스로도 의외였고, 만약에 이런 내 모습을 누군가가 지켜보고 있다면 굉장히 웃길 것 같았다. 그런 상상을 하느라 허허 웃다 보면 어느 틈엔가 스르르 머리의 긴장이 풀렸다. 그동안 내가 느끼지 못했다 뿐이지, 나의 뇌는 상당한 긴장 상태에 있었던 모양이다.

긴장이 풀리고 마음이 편안해져서인지 몰라도 점점 나는 대범해져 갔다. 귀에 들려오는 mp3 파일들을 큰소리로 따라하기도 하고, 조용한 장소에 앉아 영어로 소리 내어 기도도 했다. 영어 성경 구절을 외워 보기도 하고, 102.7 Eagle FM(미군 라디오 방송)을 들으며 팝송을 따라 부르기도 했다.

나는 그다지 사교적인 생활을 즐기지 않는 편이었다. 학원 강의와 인터넷 강의, EBS 방송 강의 녹음 일정까지 마치고 나면 몸이 녹초가 되기 십상이었고, 그런 상황에서 사람을 만나 노는 건 왠지 시간낭비처럼 여겨졌던 것이다. 활기찬 영어 강사들을 보며 깨달았던 것 중 하나가 영어를 잘하려면 성격을 외향적으로 바꿔야 한다는 사실이었다. 자꾸 사람들과 만나고 사람들과 얘기하는 것을 즐겨야 영어도 늘게 된다.

"그래, 원어민 친구들을 한번 사귀어보자."

친분이 있는 원어민이나 외국에서 공부한 친구의 현지 친구 등등 주변을 둘러 보니 의외로 원어민을 만날 기회가 많았다.

외국 사람과 긴장을 풀고 대화할 수 있는 가장 좋은 공간은 역시 밥 먹는 자리다. 나는 종종 원어민 친구들에게 맛있는 한국 음식을 대접했다.

"이게 옛날 우리나라 임금님들이 들던 '수라상' 이야."

한정식 집에서 그야말로 상다리가 부러져라 나오는 음식들을 보며 외국인 친구들은 굉장히 놀랐다. 임금님 수라상이라는 말에 감동의 눈물을 글썽이는 친구도 있었다.

한번은 원어민 친구를 삼청동의 '서울에서 두 번째로 잘하는 집'에 데려가 단팥죽을 사줬더니, 그 친구가 엄지를 높이 치켜들었다.

"이거 뭐지? 너무 맛있다. 세상에서 가장 행복한 음식이야!"

나도 친구도 모두 긴장의 벽을 푼 상태에서 대화의 물꼬가 쉽게 터졌다. 그날은 늦도록 영어 수다가 그치질 않았다.

언젠가 한번은 채식주의자인 캐나다인 친구를 골려준 기억이 난다. 그 친구와 식당에 가면 주문할 때마다 꼭 듣게 되는 소리가 있었다.

"No meat, no seafood."

고기나 생선은 빼달라는 얘기다. 그는 접시에서 고기를 들어낸 흔적만 봐도 흥분하는 타입이었다. 그래서 일부러 이 친구를 유명한 냉면집에 데려갔다. 물냉면을 시켜주었더니 육수가 너무 맛있다며 한 방울도 남기지 않고 후르르 다 마시는 것이었다. 물론 그 육수가 고기 국물로 우려낸 것이라는 사실은 끝내 알려주지 않았다.

외국인 친구들과 함께 하는 등산 모임도 생활의 낙이 되었다. 독일인 친구 하나는 1년에 한 번 꼴로 한국을 방문하는데, 그 친구와 함께 산에 갈 때

는 반드시 막걸리를 가져가야 한다. 산 정상에서 들이키는 막걸리 한 사발. 전생에 조선 사람이었나 싶을 정도로 막걸리를 좋아하는 그 친구 덕분에 나도 덩달아 막걸리를 좋아하게 되었다.

"서울은 대중교통으로 어디든 갈 수 있어서 좋아. 특히 지하철이 잘 되어 있는 것 같아."

그는 지하철표 하나면 서울 시내 어디든 갈 수 있다는 사실에 감탄하곤 했다. 하긴 내가 보기에도 서울은 대중교통이 편리하고 문화시설이나 쇼핑가도 많아 외국인들이 오면 즐길 거리가 많은 도시다.

외국인 친구들을 집으로 초대해 파티를 열기도 했다. 파티라 봤자 별 거 없다. 맥주와 과자, 간단한 먹을거리 정도만 준비하면 그게 바로 파티다.

그렇게 사람 사귀는 일에 적극적인 성격으로 변하고 남산에서 매일 거꾸로 걷기를 하던 어느 날이었다. 사소한 고민거리 하나가 머릿속에 떠올랐다.

'What if they don't have the information, what should I do?'

이럴 수가, 내 머릿속 생각이 영어로 구성되어 있는 게 아닌가! 그러고 보니 언제부터인지 영어로 명상을 하고 영어로 말하는 것도 편안하게 느껴졌다. 습관이란 그렇게 무서운 것이었다. 토익 영역을 넘어서고 싶다는 내 바람을 몸으로 실천한 지 몇 달이 지났을 무렵이었다.

거꾸로 걷다 말고 나는 영어로 기도를 했다. 짜릿한 희열이 느껴졌다. 아마 내 인생에 영어가 그토록 몸에 착 달라붙는 느낌, 비약적으로 발전했다는 느낌은 그때가 처음이었던 것 같다.

그날 이후로 나는 더욱 자신감이 생겼다. 비록 영어 회화 전문 강사들처럼 말이 빠른 것은 아니지만 내 생각과 의견을 영어로 표현하는 일이 더 이상 낯설지만은 않게 되었다.

세상에 어려운 일은 있어도 불가능한 일은 없다. 거꾸로 걷기가 어렵기는 해도 하다 보면 익숙해진다. 영어 두뇌의 확장도 마찬가지. 그 일이 어려울 뿐이지 불가능한 것은 아니다. 중요한 건 얼마나 성실하게 도전하느냐이다.

요즘도 나는 남산을 거꾸로 걸어 다닌다. 물론 영어 mp3를 들으면서. 내가 쌓은 10년 간의 명성이 부질없다는 생각은 들지 않는다. 다만 사람은 현실에 안주하는 순간부터 도태되기 시작한다는 진리를 잊지 말아야 한다. 스스로에게 자극을 받아 영어 영역을 넓히는 일은 앞으로도 나의 긴 숙제다. 만족하지 않고 끊임없이 달려가는 것. 그렇게 달려가면서 나와 비슷한 사람들을 많이 만나면 좋겠다. 혹시 어느 길에서 거꾸로 걷는 김 선생과 마주치게 된다면 손이라도 한번 흔들어주시길!

## 영어 mp3, 기분과 날씨따라 프로그램 업!

햇빛 눈이 부신 날엔 기분도 덩달아 화창해진다. 이럴 땐 휙휙 잘 돌아가는 머리를 좀 억세게 훈련시켜도 좋다. 어려운 영어 뉴스, 그 중에서도 말이 가장 빠르다는 AP Network News에 도전해 보자. 기자의 입모양과 혀의 움직임까지 알아챌만큼 섬세해진 청취력을 느낄 수 있을 것이다.

비가 내리는 날에는 왠지 분위기도 가라앉고 차분해지는 느낌. 이런 날은 오랜만에 팝송 받아쓰기 한 판 어떨까? 혹은 재미난 영어 소설 한 권 펼쳐 읽어도 좋다. 너무 늘어지지도 않고 너무 산만하지도 않은 상태에서 영어에 자신을 맡기는 것이다.

회사 업무나 리포트로 머릿속이 복잡할 때는 단순하고 짧은 영어를 선택한다. '감동이 있는 짧은 영어'나 '웃음이 있는 짧은 영어'처럼 인터넷에서 무료로 다운받을 수 있는 오디오 파일을 들어 보자. 스트레스도 풀고 영어 듣기도 하고, 일석이조다.

천편일률적인 영어 학습법은 가라. 중요한 건 자신에게 맞는 학습법을 때에 따라 다르게 적용시킬 줄 아는 능력이다. 영어 공부에도 창의성이 필요한 법. 자신의 느낌을 따라가도록 하자.

> Do what you
> love, the rest
> comes!

"It's not expen."

"Sorry?"

"Not expen!"

뭐라고 하는지 도무지 감이 잡히질 않았다. 홍콩의 길거리 좌판에서 기념품을 하나 사려고 하는데 아까부터 상인이 '익스뺀'을 연발하는 것이다. 그 상인이 날 쳐다보는 눈빛이 더 가관이었다.

'이 양반, 영어를 못해도 너무 못하네.'

이런 식으로 나를 질책하는 듯한 눈빛이었다.

"이래 봬도 내가 한국에서 영어 강사로 밥 먹고사는 사람이오!"

이렇게 말할 수도 없는 노릇이고 참 기가 막혔다. 더욱 기가 막힌 것은, 나중에 알고 보니 그 상인이 말하려던 게 not expensive였다는 사실이다. 본래 발음과 완전히 다른 발음을 구사하면서도 당당했던 그 상인. 홍콩에는 이런 사람들이 정말 많았다. 맥주를 '삐아'라고 발음하면서도 거침없이 영어를 구사하는 식이다.

그런 면에서 볼 때 한국 사람들은 영어에 관한 한 지나치게 수줍다. 영어권 국가에서 온 사람과 얘기할 때는 "전 영어가 짧아요."라는 말을 반드시 덧붙인다. 영어 잘하는 사람이 '우대' 받는 사회에서 살다 보니 영어를 '완벽'하게 잘하지 않는 이상 스스로를 영어 문외한이라 깎아내리는 것이다.

나 역시 영어와 관련된 콤플렉스가 하나 있었다. 유학파 영어 강사들이 물결을 이루는 마당에, 해외로 어학연수 한번 못 다녀온 내

처지가 늘 마음에 걸렸던 것이다. 토익 만점 행진을 계속하면서도 뭔가 부족한 부분에 대한 갈증이 무의식 속에 자리잡고 있었다. 그 갈증을 해소하기 위해 선택한 방법이 영어권 국가로의 여행이다. 매년 휴가때면 단 며칠이라도 현지에서 호흡하며 영어에 대한 감을 익히고 있다.

내가 외국 여행을 할 때 반드시 들르는 코스는 바로 '서점'이다. 미국의 하버드나 콜롬비아 같은 대학가 서점은 물론 반즈 앤 노블(Barnes&Noble) 같은 대형 서점에도 들러 그 나라 문화의 향기를 느껴 보려 애쓴다. 서점에 갈 때마다 잊지 않고 '영어' 관련 서가를 찾아, 영어 교육이나 영어 학습과 관련해서 어떤 좋은 책들이 있는지 꼼꼼하게 살펴보곤 한다.

그런데 몇 년간 해외 서점들을 다니며 발견한 놀라운 사실이 하나 있다. 미국, 캐나다, 호주 등 세계 어느 나라를 돌아다녀도 우리나라의 대형 서점들처럼 영어 관련 서적이 풍부하고 또 잘 정리된 곳이 없다는 것이다. 심지어는 일본보다도 낫다고 할 수 있다. 한 번은 홍콩에 갔을 때 너무도 좋은 영어 교재를 발견해서 13만 원이 넘는 거금을 주고 사왔는데, 똑같은 교재를 교보문고에서 6만 5천 원에 팔고 있는 것이었다. 그때의 허탈함이란!

영어 교재뿐만이 아니다. 우리나라는 영어와 관련된 소스가 굉장히 풍부한 나라이다. 특히 공짜 오디오 자료들이 인터넷에 널려 있다. 일본에서 내 책을 출간할 때 mp3 파일을 제공하자고 아이디어를 냈더니, 고단샤 직원이 놀라는 눈을 했다.

"아니, 그 좋은 정보를 왜 공짜로 줍니까?"

일본은 돈을 내지 않으면 아무것도 할 수 없는 나라다. 그런 면에서 우리나라는 정말이지 영어 자료 천국이다. 대형 출판사들은 웬만하면 오디오 파일을 무상으로 제공하고 있다.

요즘은 미국이나 영국의 드라마들도 인터넷에서 쉽게 구해 볼 수 있다. 〈프리즌 브레이크〉의 스코필드(일명 석호필), 〈CSI 과학수사대〉의 호라시오 반장(일명 허리손 반장)은 물론 시대극 〈튜더스〉를 통해 중세 유럽의 왕과 귀족들까지 만나 볼 수 있다. 워낙 영어에 목 마른 나라여서 그런지 영어 학원도 많고, 이름난 어학원의 동영상 강의 샘플도 마음만 먹으면 인터넷에서 언제든 볼 수 있다.

결국 영어를 잘하느냐 못하느냐는 우리의 '마음먹기'에 달려 있다고 해도 과언이 아니다. 영어 공부 자료들이 지천에 널렸는데, 굳이 해외로 나갈 필요가 있겠는가. 좋은 문법책, 훌륭한 동영상 자료, 인터넷을 이용한 비디오, 오디오 파일만 잘 활용해도 해외 어학연수 저리 가라다.

그렇다면 우리 모두 '마음'을 먹어 보자. 한국에서 찾을 수 있는 풍부한 교재들을 활용해서 영어의 달인이 되어 보기로 말이다.

Do what you love, the rest comes

대학 시절 타임지에서 봤던 광고 카피다. 난 이 문장을 늘 마음속에 새겨왔다. 내가 하고 싶은 일을 열정적으로 하다 보면 나머지는 저절로 따라온다. 이 얼마나 멋진 말인가? 나는 영어가 좋아서 영어라는 강물만 따라 흘러왔고, 바다에 다다랐다는 자만심이 들 무렵 그 바다에 떠 있는 다채로운 실력자들을 만나게 되었다. 한 자리에 머물지 않고 나도 그들을 따라 더욱 큰 바다에 이르기 위해 또 흘러가려고 한다.

"토익 강사가 토익만 잘 가르치면 됐지, 뭐 하러 말하기 쓰기 공부를 다시 해?"

이런 생각은 버린 지 오래다. 그동안 다져놓은 영역을 넘어서기 위해 노력할수록 내 영어가 풍성해질 것이기 때문이다.

요즘 나의 슬로건은 '기본기'로 돌아가자는 것이다. 토익이나 토플 시험 성적을 위한 것이 아니라 영어를 일상적인 의사소통의 수단으로 불편함 없이 쓸 수 있는 것. 이것이 바로 영어의 기본기다. 그리고 그 기본기를 굳이 비싼 돈 들여 해외에서 다지려 하지 말고 훌륭한 교육 환경으로 가득한 이 한국 땅에서 얻어 보자고 이 책을 쓴다.

자, 이제 영어에 대한 생각부터 바꾸고 학습 방법을 바꾸고 마지막에는 자기만의 학습법을 개발하는 여행을 떠나보자.

# 영어는 네모다

영어는 밥이다 / 영어는 맞춤형 여행 상품이다 / 영어는 등산이다 / 영어는 시간을 먹는 스펀지다 / 영어는 호기심이다 / 영어는 창의성이며 상상력이다 / 영어는 재미다 / 영어는 말이다 / 영어는 구구단이다 / 영어는 게임이다

2

# 대한민국 방방곡곡
# 영어의 파도가 출렁이는 이 시대.

우리는 과연 영어의 정체를 제대로 알고 있는 것일까? 눈 감고 코끼리 더듬듯 막연한 느낌으로 영어를 바라보는 건 아닐까? 영어에 대한 가치관과 접근 방법부터 뿌리째 흔들어 볼 필요가 있다. 10개의 네모가 들려주는 영어 이야기를 따라가 보자.

## 영어는 밥이다

"넌 내 밥이야."

이런 표현은 상대가 나한테 꼼짝 못하는 경우에 쓴다. 주변에 밥이 많을수록 인생은 더 풍요롭고 재미있어진다. 그런데, 영어도 우리의 밥이 될 수 있을까?

사실 사람의 몸은 하루 세 끼 꼬박꼬박 먹어주지 않으면 신진대사에 문제가 생기는 유기체다. '살아 있는' 몸을 유지하기 위해서 쉼없이 밥을 먹어줘야 하는 것인데, 한 끼 잘 먹었다고 해서 바로 몸이 튼튼해지는 것도 아니고 반대로 한 끼 굶었다고 해서 바로 쓰러지는 것도 아니다. 건강하게 잘 살려면 그저 꾸준히 성실하게 잘 먹는 수밖에. 그럼에도 불구하고 굳이 '꼭 먹어야 해'라고 부담을 느끼면서 밥을 먹는 사람은 별로 없다. 어릴 때부터 밥을 먹는 습관이 몸에 배어, 숨을 쉬는 것만큼이나 자연스럽게 밥숟가락을 들게 되는 것이다.

영어를 잘하고 싶다면 영어를 밥처럼 생각해야 한다. 언어의 끼니는 거르면 거를수록 점점 몸에서 잊혀져가기 때문이다. 한국말이야 어릴 때부터 자연스럽게 몸에 배어왔다지만, 몸에 배지도 않은 영어를 가끔 특식으로나 먹어준다면 어떻게 될까? 또는 '시험점수'를 위해 아주 가끔씩 폭식으로 해결하려 한다면, 과연

 영어는 네모다

그게 몸 구석구석 자양분으로 남아줄까?

   어떤 언어든 잘하고 싶다면 꾸준한 섭취가 필요하다. 영양 결핍 상태가 되거나 소화불량 상태가 되지 않도록 영어를 밥처럼 먹어주자. 매일매일 습관처럼.

**영어는 맞춤형 여행 상품이다**

"대체 영어 공부는 어떻게 해야 잘할 수 있을까요?"

많은 사람들이 물을 때마다 나는 이렇게 반문한다.

"영어를 어디다 쓸 건데요?"

내 질문에 대부분 고개를 갸웃한다.

"글쎄요……."

   나는 1년에 한 번꼴로 장거리 여행을 떠난다. 여행을 떠나기 전에는 '언제, 어디로, 어떤 여정으로, 누구와 함께' 떠날 것인지를 정한다. 여행이란 건 이렇게 '구체적'이다.

   영어를 학습하려는 목적도 구체적이어야 한다. 영어를 통해 무엇을 하고 싶은지 구체적인 목표를 정하지 않고, 무작정 문법책을 파고들거나 의미도 모르는 영어 뉴스 테이프를 백날 들어봤자 실력은 늘지 않는다. '왜', '무엇을 위해' 영어를 하는지 모르기 때문이다.

   해외여행을 할 때 의사소통의 불편함을 겪고 싶지 않아서, 외국인 친구를 사귀고 싶어서, 좋아하는 미국 드라마를 한국어 더빙이나 자막 없이 보고 싶어서, 영어 소설을 원서로 읽으며 저자의 문체를 고스란히 느껴 보고 싶어서, 업무에 필요한 영어를 잘하고 싶어서 등등. 그저 막연하게 '영어를 잘하고 싶다'는 생각을 버리고 구체적으로 자신에게 필요한 목표를 세우자. 목표가 세워져야 그에 맞는 학습 방법을 선택할 수 있다.

"네가 진짜로 원하는 게 뭐야!"라는 질문을 스스로에게 던져 보아야 할 때다. 대체 내가 영어를 '왜' 하는지 진지하게 생각해 본 후, 각자의 목표에 맞게 기간과 코스를 잘 짜는 게 중요하다. 그 목표가 달성된다면 당신은 영어를 잘하는 사람이 되어 있을 것이다.

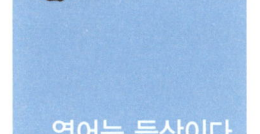

영어는 등산이다

나는 일주일에 한 번은 꼭 산에 오른다. 유일하게 쉬는 날인 일요일에 시간이 안 되면 야간 산행이라도 꼭 한다. 물과 치즈 등 간단한 먹을거리가 든 배낭을 메고 랜턴을 켜고 쉬엄쉬엄 산을 오르다 보면 어느 순간 잡념이 씻은 듯이 사라진다. 맑아진 정신으로 깨끗한 산 공기를 마시며 정상에 올라서면 기분 좋은 피로감이 몰려들며 온몸이 개운해진다. 거기에서 마시는 위스키 한 잔의 여유로움이란!

누군가 산에 왜 오르느냐고 묻는다면 유명 산악인 조지 말로니의 대답처럼 '산이 거기에 있으니까'라고 말하고 싶다. 그냥 산에 가는 행위 자체가 좋고, 산 자체가 좋기 때문이다. 지금껏 북한산, 청계산, 관악산, 우면산 등 서울과 근교에 있는 산들은 다 올라가 봤고 가장 좋아하는 설악산 대청봉은 스무 번쯤 밟았다.

산에 갈 때 반드시 꼭대기까지 올라갈 필요는 없다. 어떤 사람은 약수터까지만 가서 시원한 물 한 사발에 목을 적시는 것 정도로 만족할 수도 있고, 또 어떤 사람은 산 중턱 어디쯤에서 명상을 하다 내려올 수도 있다. 다리가 아파도 끝까지 참고 정상에 올라 희열을 맛보는 사람도 있다. 다 자기가 원하는 만큼 산을 즐기다 오면 그뿐인 것이다.

영어도 이렇게 부담 없는 등산이 되어야 하지 않을까? 등산을 '산을 정복하는 것'으로 생각하면 산을 오르는 과정이 너무 각박하고 치열하듯이, 영어를 '정복 대상'으로 생각하면 남는 건 스트레스뿐이다. 산도 그렇고 영어도 그렇고 그저 가까이 가서 즐기는 대상이면 족하다. 굳이 영어로 먹고사는 나 같은 사람이 아닌 바에야 왜 돈 들이고 시간 들여 스트레스를 받으려고 하는가?

실제로 내 주변에는 영어를 취미 생활로 하는 사람들이 꽤 있다. 업무에 영어가 필요한 것도 아닌데 아침에 영어 교육 방송을 듣는 친구가 있는가 하면, 그냥 심심풀이로 영어 소설 원서를 읽는 후배도 있다. 미국 드라마나 영국 드라마를 보다가 좋은 표현이 나오면 정리해두는 친구도 있다. 그냥 '재미' 있기 때문이란다.

스트레스 상황보다는 가벼운 마음 상태에서 두뇌의 활동이 훨씬 활발하다. 생각만 해도 기분 좋아지는 취미 생활. 영어를 반드시 잘해야만 하는 치열한 상황에 처해 있다고 해도, 이렇게 가벼운 마음으로 시작한다면 영어 공부가 수월해지지 않을까?

| 영어는 시간을<br>먹는 스펀지다 |

"영어 회화 2개월 완성"
"6주 만에 끝내는 영어"

한동안 서점가에는 이렇게 '단기 속성'으로 영어를 끝낼 수 있다는 책들이 돌풍을 일으킨 적이 있다. 그런 책들을 볼 때마다 나는 안타까운 마음이 들곤 했다. 언어라는 게 하루아침에 잘할 수 있는 단순 기술도 아닌데 어떻게 몇 주 만에 완성을 한다는 것인지. 더군다나 언어에 '완성' 단계가 있을 수 있을까? 한국에 사는 한국인 중에 한국말을 '완성'한 사람이 몇이나 될까?

어린 아기들이 한국말을 습득해가는 과정을 잘 살펴 보면 어떻게 영어를 공부해야 할지 쉽게 감이 잡힌다. 아기들은 생후 1년이 다되도록 말을 못한다. 그저 듣기만 할 뿐이다. 그런데도 육아 전문가들

영어는 네모다

은 부모에게 끊임없이 아기와 대화하라고 조언한다. 그 이유는 아기가 '듣'고 있기 때문이다. 1년 정도 듣기의 양을 채운 아기들은 조금씩 옹알이를 하며 어른들의 말을 흉내 낸다. 여전히 듣기도 계속된다. 대략 유치원에 들어간 다음까지도 듣기와 흉내 내기 과정이 이어진다. 아이들이 언어를 습득하는 기본 원리는 마치 '스펀지'처럼 외부의 소리를 모두 받아들인다는 데 있다. 당장 output이 없더라도 언젠가 뿜어낼 시기가 올 때까지 계속해서 입력하는 단계. 이 단계를 건너뛰고서는 언어를 제대로 습득할 수가 없다.

성인이 영어를 익히는 데에도 마찬가지 원리가 적용된다. 영어의 소리와 의미를 스펀지처럼 빨아들이는 데는 기본적으로 '오랜 시간'이 필요한 것이다. 고로 우리의 영어가 단기간에 빨리 늘지 않는다고 해서 낙담할 필요가 전혀 없다. 외국어를 습득하는 데에는 적어도 수 년의 기간이 필요하며, 여과 없이 소리와 의미를 빨아들이는 스펀지 같은 두뇌활동 역시 필요하기 때문이다. 이 과정은 결코 쉽지가 않다.

이미 한국어에 길들여진 성인의 뇌가 단기간에 영어를 마스터한다는 것은 거의 불가능한 일이다. 영어로 된 소리를 일정량 이상 들어야 하고, 그 소리를 흉내 내며 의미를 파악하는 시간 역시 중요하다. 의미를 파악하는 과정은 영한사전이 아닌, 영영사전을 도구로 삼아야 한다. 영영사전에 적힌 영어 뜻풀이를 읽고 이해하며 머릿속에 그 뜻을 이미지로 그려내는 작업 역시 필요하다. 그러니 오랜 시간이 걸리는 것은 당연지사.

고로 영어 공부를 할 때는 자신의 머리가 깨끗한 스펀지라고 상상하고, 그 스펀지로 영어의 소리와 의미를 빨아들인다는 기분을 갖자. 시간을 넉넉하게 투자하는 것은 물론이다.

**영어는 호기심이다**

"엄마, 이거 뭐야?"
"엄마, 저건 뭐야?"
　　꼬마들은 쉬지 않고 질문을 해댄다. 자기 눈앞에 있는 사물을 다른 사람들은 뭐라고 부르는지 '알고자 하는 욕구'가 끊임없이 샘솟는 것이다. 한국 땅에서 한국말을 배우는 아이들, 미국 땅에서 영어를 배우는 아이들 모두 공통적인 현상이다.

　반면에 영어를 배우는 우리들 대부분은 누군가에게서 배운 내용만을 이해하고 외우려고 한다. 아마도 제도 교육으로부터 그렇게 길들여져왔기 때문일 것이다. 그건 우리들의 학창시절을 떠올려 보면 금세 답이 나온다.

　선생님이 칠판에 뭔가를 잔뜩 적어주시면 학생들은 열심히 필기를 한다. 선생님은 수업 시간 내내 말씀하시고 학생들은 수업 시간 내내 입을 거의 열지 않은 채 듣기만 한다. 숙제는 시험과 별개이고, 대학 입시는 시험용 공부를 통해서만 뚫을 수 있다. 이렇다 보니 한국 사람들 대부분이 '주입식', 말 그대로 선생님의 일방적인 가르침을 받아들이는 데에만 익숙해져 있는 것이다. 그러나 그렇게 주입식으로 공부한 지식이 우리의 머릿속에 얼마나 남아 있을까? 외운 지식의 90퍼센트 이상은 시험이 끝남과 동시에 머리에서 펑-

하고 사라져버렸을 것이다. 우리가 외웠던 수많은 연도와 인물의 이름과 장소와 각종 법칙들은 다 어디로 갔을까? 우린 너무 소모적인 공부를 한 것은 아닐까?

　영어를 공부할 때 이런 주입식은 그다지 도움이 되지 않는다. 우리의 머릿속에 오래오래 남아 있는 지식은 어떤 방식으로 입력된 것이었는지 곰곰이 되새겨 보자. 밤을 새워 열심히 준비한 숙제, 수업 시간에 선생님의 질문에 잘못 대답했다가 창피했던 내용, 너무나 궁금해서 미칠 것 같은 의문점이 풀리던 시점, 어쩌다 한 번 있는 토론 시간에 오갔던 얘기들…. 이런 경우에 해당하는 지식들은 오랜 세월이 흘러가도 우리의 뇌리 속에 그대로 남아 있다. 왜 그럴까?

　그것은 바로 '습득(Aquisition)'과 '배움(Learning)'의 차이 때문이다. 단순한 배움의 장에서 학습자 자신의 경험이 이입된 '의미 있는 행위'를 통해야만 진정한 자기 지식이 되는 것이다. 그렇지 않다면 그 배움의 내용은 단기 기억으로 그치고 만다.

　습득을 위한 의미 있는 행위 중 가장 기본적인 것이 '호기심'이다. 배움에 대한 욕구가 강한 사람일수록 호기심도 많기 때문이다. 영어를 공부할 때도 이런 이론이 그대로 적용된다.

　"이 말은 영어로 뭘까?"

　"이 영어 단어의 뜻은 무엇일까?"

　"이런 경우에는 영어로 뭐라고 대답할 수 있을까?"

　평소 자신이 처한 상황에서 영어에 관한 호기심을 무한정 갖는 사람들이 있다. 밥을 먹다가도, 지하철을 타고 가다가도, 친구를 만나 수다를 떨다가도 영어에 대한 호기심을 발휘하고 그 호기심을 충족시키며 영어가 느는 사람들이다.

어쩌면 주변에 널려 있는 모든 사물과 사람과 상황이 다 영어의 호기심을 불러일으킬 만한 재료가 될 수 있다.

호기심. 그것은 영어 습득의 기본이다.

**영어는 창의성이며 상상력이다**

공부 잘하는 사람은 자기만의 공부법을 만드는 데 천부적인 소질이 있다. 남들은 그냥 외우는 과학 공식에 멜로디를 붙여 노래로 부르는가 하면, 잘 외워지지 않는 대목에 재미난 코멘트를 덧붙여 외우기도 한다. 필기를 할 때도 각종 색깔 볼펜을 사용하거나 재미난 아이디어를 보태 자기만의 노트를 만든다. 이렇게 뭔가를 '창조' 해내는 사람들은 공부도 재미있게 하고 결과도 남보다 좋게 마련이다.

앞서 얘기한 영어의 '습득' 과정에 빼먹지 말아야 할 항목이 바로 창의성과 상상력이다. 먼저 창의성이 어떻게 영어 습득에 도움이 되는지 보자.

영어로 말할 때는 수많은 '패턴'을 활용해야 한다.

"Would you like something to drink 마실 것 좀 드릴까요?"라는 문장을 배웠다면 "Would you like something to eat 먹을 것 좀 드릴까요?"라는 문장으로 활용할 줄 알아야 하고, "Have you ever been to London 런던에 가 봤니?"이라는 문장을 배웠다면 "Have you ever

 영어는 네모다

been to HongKong 홍콩에 가 봤니?"라는 문장이나 "Have you ever met a TV star 탤런트 만나본 적 있니?"라는 문장으로 활용할 줄 알아야 한다. 국자나 냄비가 영어로 뭔지 알게 되었다면 부엌 살림살이를 낙서처럼 그려 놓고 영어 이름을 붙여보는 즐거움도 발견할 줄 알아야 한다.

"하나를 배우면 열을 안다."

말하자면 이런 식이다. 하나를 배우면 열 가지로 응용해 자기 것으로 만드는 것이다. 그러려면 다른 누군가의 손길을 기다리기보다는 자기 스스로 머리를 굴려야 한다. 동사의 현재형과 과거형, 3인칭 단수형을 문장 속에서 활용해 본다든지, 문장의 패턴을 다양하게 응용해 본다든지, 특정 단어를 기억하는 자기만의 예문들을 만들어보는 것이다. 단어나 문장을 간단한 그림으로 그리는 것도 좋은 방법이다. 이렇게 공부하면 영어가 기억의 저장고에 싱싱하게 보관될 수 있다.

그리고 상상력에 관한 이야기. 이건 창의성과도 어느 정도 연결이 되는데, 상상하기의 묘미는 무엇보다 '1인 다역'이다. 이를테면 상상 속에서는 성춘향과 이몽룡, 향단이, 방자의 대사까지도 모두 나 혼자 해볼 수 있다는 것이다. 이 사람도 되었다가 저 사람도 되었다가, 오즈의 마법사 부럽지 않을 스펙터클한 영화 제작도 상상 속에서는 가능하다. 영어를 그 상상의 나라로 불러들인다면, 영어가 훨씬 재미있지 않을까? 자기 혼자 A군과 B양이 되어 대화를 주고받는 연습, 청중이 앞에 있다고 상상하며 자기 주장을 펴는 연습, 바르셀로나의 분수대 앞에서 낯선 남자(혹은 여자)와 대화하는 연습

등등 어떤 무대 장치도 가능하다. 영어는 생활 속에서 활용하지 않으면 몸에 배지 않는 일종의 언어이므로 그 활용 기회를 상상 속에서 구현해내는 것이다.

"회화 학원을 다니기 시작했으니 원어민 강사가 알아서 해주겠지."

"온라인 강의를 듣기 시작했으니 뭔가 실력이 늘겠지."

이렇게 수동적인 생각은 이제 그만. 남이 먹여주는 밥은 한순간 배부르고 끝이라는 걸 명심하자. 자기 스스로 학습 환경을 만들고 자기 스스로 학습 방법을 고안해보는 노력, 그리고 호기심과 상상력. 그 속에서 영어가 얼마나 풍성해질 수 있는지는 경험한 사람만이 알 수 있다.

영어는 재미다

#1. 영어 회화 강의실

대학생과 직장인들 10여 명이 의자에 앉아 있고 원어민 강사가 열심히 설명을 한다. 수강생들은 고개를 주억거리며 듣는다. 강사가 질문을 해도 수강생은 거의 대답조차 하지 않는다. 이 장면에서 떠오르는 영화 제목은?

'조용한 가족'

# 2. 영어 유치원

꼬맹이들이 영어 동요를 부르며 뛰놀고 있다. 원어민 강사와 아이들이 단어와 문장들을 목청껏 읽는다. 강사가 눈알을 빙글빙글

영어는 네모다

돌리며 단어 설명을 해준다. 깔깔거리는 웃음이 여기저기서 튀어나오고, 아이들은 발을 구르며 재미있어 죽겠다는 표정이다. 이 장면에서 떠오르는 노래 제목은?

'웃는 거야'

똑같은 영어를 배우는데 왜 아이들은 웃고 떠들고 어른들은 조용히 앉아 있어야만 할까?

"아이들은 재미가 없으면 영어 배우기가 힘들 테니까요."

이렇게 대답하는 사람이 있을지 모르겠다. 그러면 어른들은 재미없어도 잘 배울 수 있다는 얘기?

그건 아니라고 본다. 사람이면 누구나 '재미' 있는 것을 좋아하게 마련이다. 재미없고 따분한 사람보다는 재미있고 유쾌한 사람이 좋고, 어려운 시험보다는 수업 땡땡이 치고 보는 영화가 더 즐겁지 아니한가.

이제는 우리의 선입견을 깨버릴 때가 왔다. 한국에서 영어 한 10년쯤 봤다고 생각하는 대부분의 성인들은 아직 미국 유치원생 수준의 영어도 구사하지 못한다. 그러면서도 어려운 경제 잡지나 말빠른 영어 뉴스부터 시작하려고 한다. '어른' 수준에 맞춰 '있어 보여야 한다'는 강박관념 때문이다. 그러니 영어가 영 재미도 없고 스트레스만 받고 실력도 올라가지 않는 것이다.

우리의 영어 눈높이를 대폭 낮춰 잡자. 솔직히 말하면 한국 사람이 미국의 유치원생 정도 수준의 영어만 구사한대도 쓸 만한 것이다. 어른이 영어 동요 부르는 게 이상한가? 동요에 맞춰 율동을 하는 게 어색한가? 큰소리로 단어를 따라 읽는 게 창피한가? 이것저 것 다 관두고 '재미'를 유발하는 학습 방법이라면 일정 기간 해볼 만하다. 점잖게 영어 뉴스를 듣고 영어 기사를 읽을 수준이 된다면 그때는 좀 심각해져도 상관없다.

영어에서 재미 빼면 시체! 오-케이?

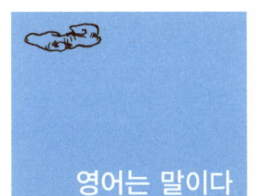

**영어는 말이다**

영어는 말이다. 너무 당연한 얘기이건만 이 사실을 잊고 있는 사람들이 많은 것 같다. 말이 존재하는 이유는 바로 '의사소통'이다. 그런데도 영어를 의사소통에 활용하는 사람들은 내 주변에서도 쉽게 찾아보기가 힘들다.

"제가 있던 고등학교에서는 제2외국어로 스페인어를 많이 배웠는데, 쉬는 시간이나 점심시간만 되면 애들이 다 스페인어로 떠들어요. 수업 시간에 배운 걸 바로바로 써먹는 거죠."

미국에서 공부하고 돌아온 어느 학생의 얘기다. 수업 종이 땡, 하고 울리면 영어책을 덮는 우리나라 교실과 사뭇 다른 풍경이다. 왜 그런 차이가 나는지 곰곰이 생각해 봤는데, 아무래도 외국어에 대한 접근 방식의 차이가 아닐까 싶다. 미국에서는 외국어를 '실용적'인 관점에서 바라보는 데 반해 우리는 외국어를 '시험' 혹은 '시험 점수'의 관점에서 바라보는 것이다.

공자님은 이렇게 말씀하셨다.

"학문을 배우고 때때로 익히면 이 또한 즐겁지 아니한가!"

 영어는 네모다

우리의 문제는 배우기만 하고 익히지는 않는다는 것이다. 배운 것을 '익힌다'는 말은 곧 경험을 통해 자기 것으로 만든다는 뜻인데, 그렇게 본다면 영어 역시 생활 속에서 의사소통의 수단으로 활용하는 것이 바로 '익힌다'는 뜻과 통한다.

언어를 배우는 이유는 써먹기 위해서다. 자기 자신의 의견을 표현하고 다른 사람과의 의사소통에 활용하는 것. 혹은 의사소통을 통해 언어 실력이 향상되는 것. 이 부분을 우리는 너무 오래 간과하지 않았는지, 한번쯤 깊이 생각해 볼 일이다.

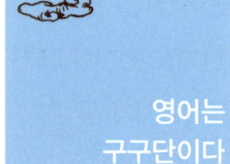
영어는 구구단이다

"이일은 이, 이이사, 이삼은 육, 이사팔, 이오십…."

어릴 때 책받침에 적힌 구구단을 침 튀겨가며 외운 기억, 대한민국에서 초등학교를 다닌 사람이라면 누구나 갖고 있을 것이다. 대체 이런 걸 왜 억지로 외워야 하냐며 어깃장을 놓는 아이들도 있었지만, 일단 외워만 놓으면 구구단은 어마어마한 위력을 발휘했다. 백만 단위, 천만 단위의 곱셈 문제가 나와도 구구단만 알고 있으면 척척 풀 수 있었기 때문이다.

그 구구단을 어떻게 외웠던가? 그랬다. 무작정 '입'으로 외웠다. 소리 내어 수십 번 읽다 보니 저절로 머리에 박혔고, 수십 년이 흘러도 구구단은 잊히지가 않는 것이다.

영어도 구구단처럼 '입'으로 해야 한다. 영어를 처음 배우는 아이들 중에서도 쉬지 않고 입으로 외우는 아이들과 수동적으로 선생님 말씀만 잘 듣는 아이들은 몇달 만에 그 차이가 확연히 드러난다. 이미 두뇌의 유연성이 떨어지는 어른들의 머리에 과연 눈으로 보고 귀로 들은 영어가 콕 박힐 수 있을까? 자기 입으로 '소리' 내어 '반복적' 으로 훈련하는 것. 좀 귀찮더라도 이 방법만이 영어를 내 것으로 만드는 지름길이 될 수 있다.

점잖은 영어 공부는 가라. 어린아이처럼 시끄러운 영어 공부가 대세일지니.

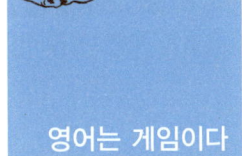

**영어는 게임이다**

테트리스 몇 판까지 깨보셨는지? 온라인 활쏘기 게임은 몇 라운드까지 가보셨는지?

요즘은 컴퓨터만 있으면 집에 앉아서 게임을 즐길 수 있지만, 내가 대학을 다닐 때만 해도 학교 앞 오락실에나 가야 게임을 할 수 있었다. 첫 오락 상대 갤러그, 모양새 따져서 줄 맞춰줘야 하는 테트리스, 전투기 조종의 백미 라이덴, 커플 오락의 지존 보블보블, 운전학원 수강료 없는 사람들을 위한 운전 연습 오락까지 100원 정도면 충분히 레크리에이션을 즐길 수 있던 시절이었다.

그런데 이런 게임에는 한 가지 깰 수 없는 규칙이 있다. 난이도가 쉬운 레벨에서 시작해 어려운 레벨로 흘러가며, 하나의 단계를 깨야만 다음 단계로 넘어갈 수 있다는 것이다. 처음부터 높은 레벨로는 시작할 수도 없고, 중간 레벨이 마음에 안 들거나 도저히 깰 수 없다고 해서 자기 마음대로 레벨을 바꿀 수도 없다. 게임을 계속 하고 싶다면 반드시 그 레벨을 마쳐야만 한다.

   영어도 레벨을 따라가야 하는 게임과 같다. 처음엔 무조건 쉬운 레벨에서 시작해야 한다. 그리고 그 쉬운 단계를 충분히 배우고 익혀서 자기 것으로 소화시킨 다음에야 좀더 어려운 단계로 올라갈 수 있는 것이다. 흔히 언어 습득의 원리를 나타낼 때 계단의 이론을 인용하는데, 그 계단은 한 번에 두 칸씩 올라가는 게 거의 불가능하다. 한 번에 한 칸씩, 그리고 그 칸에서 머물러야 할 시간과 노력도 채워야 한다. 처음부터 너무 높은 레벨에서 영어라는 게임을 시작한 사람들은 그 어려움과 막막함 속에서 헤매다 지레 나가떨어지기 십상이다. 남는 것은 스트레스와 부작용뿐. 이런 것을 경험한 후 영어와 아예 담을 쌓는 사람도 있다.

   영어, 쉬운 레벨에서 시작해서 점점 난이도를 높여가자. 게임처럼 말이다.

# 영어의 Basic을 키우는 법

인간은 모방의 동물, 영어 성대모사의 달인이 되라 / "이누마 거기 멍쳐!", 소리에 민감해져라 / When a man loves a woman, 숫자에 민감해져라 / 아는 단어, 그런데 해석이 안 된다? / 영어 실력자가 되기 위해 버려야 할 몇 가지 오해 / 영어의 눈높이를 무릎까지 낮춰라 / 영어 집중력의 기본은 체력, 정말?

3

# 영어와의 첫걸음은 느린 것이 좋다.

모래 위에 부질없이 고상한 성을 쌓기보다는 초가집을 짓더라도 단단한 기초공사가 먼저다. 우리의 영어가 혹시 모래성은 아닌지 생각해보자. 기본도 없이 화려한 겉치장에 시간과 에너지를 낭비한 건 아닌지 말이다. 세상 모든 언어가 그러하듯, 영어 역시 기본기가 탄탄해야 고급 단계로 나아갈 수 있다. 영어의 기본기를 키우는 비법 7가지를 소개한다.

## 인간은 모방의 동물, 영어 성대모사의 달인이 되라

"사랑이 야속하더라~ 가는 당신이 무정하더라~"

고개는 45도 각도로 갸웃, 턱은 살짝 들어 올린 채 눈을 부릅뜨고 노래하는 이 사람은? 바로 가수 하춘화 씨 흉내로 한참 인기를 끌었던 개그맨 김영철 씨다. 그는 희한하게도 여자 가수들의 흉내를 잘 내는 걸로 유명하다. 윤복희 씨, 양희은 씨 같은 원로급(?)부터 한일 양국 스타 보아까지 그의 레이더에 걸리면 꼼짝없이 새로운 모습으로 재탄생되는데, 여가수의 특징을 잘 살려내면서도 과장된 흉내가 정말이지 그럴 듯하다.

영어 강사 이근철 선생님이 중간 다리 역할을 해서 우리 셋은 가끔 만나 저녁을 함께하기도 하고 술을 한잔 하기도 한다. 언젠가 한 번은 와인바에서 두 사람의 미국 여행 뒷이야기를 들을 기회가 있었다.

"Howdy mam? Woohoo~"

김영철 씨는 약간 느릿하면서 끊어질 듯 투박한 미국 남부 사투리를 흉내 냈고, 우리는 폭소를 터뜨렸다. 눈동자까지 굴리면서 말하는 폼이 영락없는 미국 남부 출신 흑인 같았기 때문이다. 분장까지 했다면 금상첨화일 뻔했다.

김영철 씨는 꾸준히 영어 공부를 하고 있는 숨은 실력자인데, 이렇게 흉내를 잘 내는 것이 그의 영어 실력 향상에 큰 도움이 되었을 법하다. 왜냐하면 언어를 배우는 과정의 기본은 '모방'이기 때문이다.

어린 아기가 어른들의 말을 그대로 따라하면서 점점 어휘를 늘리고 문장을 완성해나가는 걸 지켜본 적이 있을 것이다.

"어휴, 내가 너 땜에 못 살아~"

겨우 서너 살 꼬맹이가 자기 동생을 향해 이렇게 말하는 건 언젠가 자기 자신이 엄마나 아빠한테서 들었던 소리이기 때문이다. 그걸 상황에 따라 한번 해보고, 맞다 싶으면 언제든 다시 활용하는 것이다.

똑같은 말이라도 누가 하느냐에 따라 조금씩 어감이 달라지는 이유는 '표현력' 때문인데, 모방의 완성도를 높여주는 것이 바로 이 표현력이다. 내가 반했던 EBS 영어 강사들의 특징도 표현력이 굉장히 뛰어나다는 점이었다. 표현력을 달리 표현하면 '연기력'과도 통한다. 연기력이 가미된 모방이야말로 영어를 쉽게 배우는 지름길이다. 이 모방 단계를 성인이 된 후 거쳐야 한다면? '노력'이 빠져서는 안 될 일이다. 스무 살 넘은 성인이 일부러 노력하지 않는 이상 어떻게 남의 나라 말을 따라해 보겠는가.

오늘부터, 영어로 성대모사를 해보자. 모사 대상은? 톰 행크스도 좋고 줄리아 로버츠도 좋다. 잘생긴 브래드 피트나 영국식 발음이 멋진 기네스 펠트로도 훌륭한 모사 대상이다. 웬트워스 밀러('프리즌 브레이크'의 주인공 스코필드)는 웅얼거림이 심해 알아듣기 힘들므로 패스. 굳이 배우가 아니면 어떤가. 지금 영어 회화 학원을 다니고 있다면 담당 강사의 억양이나 표정을 흉내 내 봐도 좋다. '영어공부'라는 생각을 벗어나, 재미 삼아 한번 해보는 흉내 내기. 한번 해볼 만하지 않을까?

"이누마 거기 멍쳐!", 소리에 민감해져라

어느날인가 횡단보도 앞에 서 있다가 막 한 발 앞으로 내딛으려고 할 때였다. 발음이 불분명한 외침이 들렸다.

"거기 멍쳐!"

소리의 발원지를 찾아보니 내 뒤에 서 있던 세 살 남짓 되어 보이는 꼬마였다. 꼬마는 내가 쳐다보자 민망했는지 골목 쪽으로 달음박질치기 시작했다. 그러자 그 꼬마의 보호자인 듯한 할아버지가 하는 말.

"이놈아, 거기 멈춰~ 멈추지 못해?"

아하, 꼬마가 한 말이 그거였구나. 나는 빙긋이 웃음이 났다. 그래도 나더러 '이놈아'라고 부르지 않은 게 얼마나 다행인지.

대부분의 한국 사람들은 영어를 '소리' 보다 '문자'로 먼저 배운다. 그래서 읽으면 쉽게 해석되는 문장도 막상 들었을 때는 무슨 말인지 모르는 경우가 많다.

The elevator is in use 그 엘리베이터는 사용중이다.

별 문장 아니지만 막상 미국인이 '디 엘리베이러 이진유스'라고 말하는 걸 듣는다면 대부분 머릿속으로 생각할 것이다.

'이진유스가 뭐지? 대체 이진유스가 뭐야?'

영어를 눈으로 읽고 해석하는 것과 들어서 아는 것은 완전히 별개

의 문제다. I guess so 그런 것 같아.라는 말도 눈으로 보면 쉽지만 '아이게소'라는 발음을 처음 들었을 때는 '알겠어?'라는 한국말로 착각하기 쉽고, 'guest speaker'는 '개 스피커'로 들리기 쉽다. 물론 강아지용 스피커는 절대 아니다.

우리가 영어를 배울 때 너무 눈에 보이는 '문자'에만 연연하는 건 아닌지 생각해볼 일이다. 하긴, 영어의 '소리'에 익숙해지기보다는 알파벳을 쓰고 외우는 것부터 시작해 1, 2, 3인칭과 be동사로 출발하는 문법부터 배웠으니 그럴 만도 하다.

하지만 모든 언어는 문자가 있기 전에 말이 먼저 존재했다. 그것은 곧 인간이 언어를 배우는 과정과도 맥이 통하는 얘기다. 말을 먼저 배우고, 그 다음이 문자다.

횡단보도에서 내게 소리 친 그 꼬마는 분명 '멈춰'라는 글자를 모를 것이다. 발음도 정확하지 않다. 하지만 자신 있게 '멈쳐'라고 소리쳤다. 우리도 이런 식으로 영어를 해야 한다. 그게 어떤 문장인지 정확히 쓸 수 없더라도 자신 있게 소리를 내는 것이다.

"아, 이런 상황에서는 이렇게 말하는구나."

창피해하지 말고 그냥 그 소리를 흉내 내서 말하되, 어떤 상황에서 그런 말이 쓰이는지만 알면 되는 것이다.

스펠링이나 문법은 잠시 잊고 영어의 소리에 민감해지자.

### When a man loves a woman, 숫자에 민감해져라

영어는 우리말과 다르게 단수, 복수 개념이 철저하다. 하나의 명사가 단수 형태로 쓰일 때가 있는가 하면 어떨 땐 복수 형태로 쓰일 때가 있고, 문장의 주어에 따라 동사의 단수, 복수도 철저하게 지켜야 한다. 우리는 그냥 '책'이라고 말하면 끝인데 영어로는 'a book'이냐 'books'냐를 구별해 써야 한다. 우리는 그냥 '고양이'라고 쓰면 다인데 영어로는 'a cat'인지 'cats'인지 구별해서 써야 한다.

"남자가 여자를 사랑할 때."

우리는 이렇게 쓰지만 영어에서는 man과 woman 앞에 반드시 a를 붙여야 한다. 그 유명한 노래 제목 'When a man loves a woman'처럼 말이다. 이 문구에서는 주어가 3인칭 단수이므로 동사 love에 반드시 s를 붙여야 한다.

이런 것들이 너무도 헷갈리는 이유는 한국말에 단, 복수의 개념이 별로 없기 때문이다. 영어로 말하거나 쓸 때는 이렇게 우리말에는 없는 것에 유의해야 한다. 특별한 비법은 없다. 입에 익숙해지거나 눈에 익숙해질 때까지 수백 번 반복해서 듣고 말하고 보고 쓰는 것뿐이다.

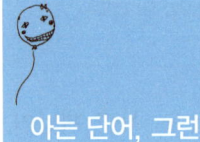

**아는 단어, 그런데 해석이 안 된다?**

들어는 봤나, 바퀴벌레 22000마리! 한때 영어를 시작하는 사람들이 필수 코스로 들었던 'Vocabulary 22000' 강좌를 우스개로 부르는 소리다. 그때나 지금이나 영어 바퀴벌레를 잡기 위해 많은 사람들이 '영어 단어와 그에 상응하는 우리말 해석'을 달달 외우며 고군분투하고 있다. 그런데 영단어 바퀴벌레를 그렇게 잡아대면 과연 영어 어휘력이 좋아질까?

캐나다인 친구가 우리집에 처음 왔을 때, 내가 키우는 강아지가 조르르 달려가 꼬리를 흔들었다. 그러자 그가 강아지를 보며 하는 말.

"Is it fixed?"

"……."

그가 말하는 문장의 단어들은 다 '아는' 것들인데 무슨 말인지 도통 해석이 되지 않았다. 내가 못 알아듣고 있자 그가 다른 표현으로 설명해주었다.

"이 강아지 중성화 수술을 받았니?"

중성화 수술을 오로지 neuter로 기억하고 있는 내게 fix는 퍽 생소하게 다가왔다. 학생들을 가르치는 나조차도 fix하면, '고치다' 혹은 '고정시키다'의 의미만 떠오르는 탓이다. fix라는 단어를 사전에서 찾아보니 대략 7번 이후에 to neuter라는 뜻으로 나와 있었다. 그런데 fix와 중성화수술을 어떻게 연결 지어야 할까?

그 의미 파악은 '유추' 라는 과정을 거쳐야 한다. 영어 단어들 중 특히 동사는 마치 나선형 운동을 하듯 한 점에서 시작해 빙글빙글 돌며 여러 가지 의미를 파생시킨다. 그 파생된 의미들을 우리말로 달달 외워 보았자 통 와닿지 않는다. 단어를 익히는 가장 좋은 방법은 그 단어가 나선형 운동을 하며 어떻게 변화하는지를 '느끼' 고 변화하는 과정의 개연성을 '유추' 하는 것이다.

fix는 to fasten으로 시작해 to arrange and establish, to repair, to cook or prepare, to deal with 등으로 변화하다 to neuter까지 도달한다. 중성화수술이 결국 인간 세상이 편리한 방향으로 애완동물을 '고친다' 는 것이니, '거세하다' 라는 뜻으로 사용할 법하지 않은가?

변화하는 동사의 의미들을 '이해' 했다면 그 다음은 예문을 통해 '활용' 하는 과정이 필요하다. 다시 fix를 예로 들면, 이 단어는 '거세하다' 는 뜻뿐만 아니라 '음식을 차리다', up과 함께 써서 '마련하다' 라는 뜻도 가지고 있다. 이걸 그냥 한국말로 이해하는 수준에서 끝내면 이 단어를 제대로 아는 게 아니다.

"Let me fix you a drink 마실 것 좀 준비해줄게."

"Can you fix me up with a bed for the night 잠자리 좀 마련해 줄 수 있니?"

## 영어의 Basic을 키우는 법

　이런 예문을 통해 정확한 느낌을 가져야 진정 '안다'고 말할 수 있을 것이다.
　사실 우리가 알고 있다고 생각하는(착각하는) 단어들 중에는 제대로 모르고 있는 단어들이 상당히 많다. take, get, run, do 같은 동사들은 워낙 많이 본 단어들이라 눈에 익어 '쉽다'고 생각하지만, 이 단어들은 각각 수십 가지의 한국말로 번역될 수 있다. 그만큼 다양한 의미로 쓰일 수 있다는 얘기인데, 그 다양한 의미를 제대로 파악하려면 결국 영영사전을 뒤져 하나하나 뜻을 음미하고, 영어 기사나 TV 드라마, 영화, 소설 등 다양한 매체를 통해 구체적인 쓰임새를 감지해야 한다. 또한 그렇게 인식한 단어들을 자기 자신의 말과 글로 활용해봐야 한다. 익숙해질 때까지 말이다. 그렇지 않고 한국말로 번역된 뜻만 백날 외워 봤자 실제로 어떻게 활용할지는 모르는 절름발이 단어 박사가 되고 마는 것이다.
　어휘력이 좋은 사람이란 하나의 단어가 갖고 있는 다양한 의미를 문맥에서 적절히 파악할 수 있는 사람이다. 또 그 단어들을 활용한 문장으로 의사표현을 할 줄 아는 사람이다. 이렇게 되려면? 앞서 말한 방법대로 하면 된다. 물론 처음엔 영영사전으로 단어의 뜻을 하나하나 짚어가는 데 시간이 너무 많이 걸릴 수도 있다. 하지만 꾸준히 하자. 이렇게 다진 기본기야말로 튼튼한 영어의 버팀돌이 되어줄 테니까.

## 사전에 매겨진 번호가 중요해?

영영사전을 펼쳐 보면 단어마다 번호가 매겨져 있다. 번호가 없거나 2, 3번 정도로 끝나는 단어만 있다면 세상에 영어만큼 배우기 쉬운 언어도 없겠지만, 아쉽게도 우리가 꼭 알아야 할 영어 단어들은 적어도 대여섯 개 이상의 뜻을 가지고 있다. take라는 동사는 뜻풀이 번호가 30번을 넘어갈 정도다. 그런데 이런 경우, 과연 1번 뜻은 중요하고 30번 뜻은 그냥 넘겨도 되는 것일까?

그건 절대 아니다. 편의상 매겨 놓은 번호에 현혹되어 앞자리만 대충 훑고 지나가는 우를 범하지 말자. 사전을 그렇게 주마간산 격으로 보는 건 단어 공부에 전혀 도움이 안 된다. 사전에 나와 있는 뜻이라면 그게 몇 번이 됐든 간에 모두 현지인들이 '사용중'이기 때문이다.

**take** 1. ACTION[transitive]used with a noun instead of using a verb to describe an action. For example, if you take a walk, you walk somewhere 2. MOVE[transitive]to move or go with someone or something from one place to another 3. REMOVE[transitive] to remove something from a place 4. TIME/MONEY/EFFORT ETC[intransitive and transitive]if something takes a particular amount of time, money, effort etc, that amount of time etc is needed for it to happen or succeed 5. ACCEPT[transitive]to accept or choose something that is offered, suggested, or given to you 6. HOLD SOMETHING [transitive] to get hold of something in your hands 7. TRAVEL[transitive] to use a particular form of transport or a particular road in order to go somewhere 8. STUDY[transitive] to study a particular subject in school or college for an examination 9. TEST[transitive] to do an examination or test 10. SUITABLE[transitive not in progressive or passive] to be the correct or suitable size, type etc for a particular person or thing 11. COLLECT[transitive] to collect or gather something for a particular purpose 12. CONSIDER[intransitive,transitive always + adverb/preposition]to react to someone or something or consider them in a particular way 13. FEELINGS[transitive usually + adverb]to have or experience a particular feeling 14. CONTROL[transitive]to get possession or control of something 15. MEDICINE/DRUGS[transitive]to

영어의 Basic을 키우는 법

**영어 실력자가 되기 위해 버려야 할 몇 가지 오해**

하나. 토익은 짧고 굵게! 영어도 짧고 굵게?

자고로 토익은 짧고 굵게 끝내는 거라고 하던데, 저는 부끄럽게도 지난 1월부터 장장 다섯 달 동안 선생님의 강의를 듣고 있는 학생입니다. 원하는 만큼 점수가 오르지 않아 계속 듣고 있어요. 다들 문제가 쉽다고 하는데 저는 수업도 어렵고 토익 문제도 어려워 죽겠거든요. 엄청난 좌절감을 느끼고 있답니다. 이렇게 강의를 오래 들어도 되는 걸까요?

한 학생이 내게 이메일로 보낸 질문이다. 그런데 토익 강의 좀 오래 듣는다고 '부끄럽다'니…? 기초가 모자라는 만큼 시간이 더 걸리는 것 뿐일텐데, 무조건 빨리 끝내야 한다는 강박관념은 대체 어디서 오는 것일까?

그 이유는 바로 토익이 '시험'이기 때문이다. 사실 두어 달 바짝 토익 공부만 해서 200점 이상 점수를 올린 수강생들이 허다하다. 하지만 시험이 아닌 생활속 영어는 그렇게 단기간에 해치울 수 있는 상대가 아니다. 적어도 영어를 의사소통 수단과 자기표현의 도구로 사용하고 싶다면 말이다. 앞서 강조했듯 영어는 시간을 먹는 스펀지이기 때문이다. 내 머릿속 스펀지에 얼마나 꾸준히 input을 해주느냐에 따라 자신이 원하는 만큼의 output이 나온다.

영어, 그 느낌의 미학에 빠질 자신이 있는 사람만이 제대로 된 영어 실력을 쌓을 수 있다.

둘. 발음이 좋으면 영어를 잘하는 사람이다?

"내가 '맨햇은'에 살 때 '브릿니 스피어스'나 '윗니 휴스턴' 종종 만났죠."

언젠가 개그 프로그램에서 이렇게 말하는 개그맨을 보고 한바탕 크게 웃은 적이 있다. 한국 사람들의 '미국식 영어 발음 지상주의'를 은근히 꼬집는 것 같아서다.

우리나라 사람들은 영어 발음에 굉장히 집착한다. 특히 미국식 발음을 잘해야 영어를 잘하는 것으로 생각한다. 혀를 많이 굴리는 [r] 발음이나 부드럽게 연음해야 하는 [t], [d] 발음이 미국식 영어 발음의 특징이다. 뭐니뭐니 해도 manhattan의 [t] 발음처럼 성문폐쇄음(glottal stop sound 양쪽 성대사이를 순간적으로 완전히 폐쇄시켜 내는 소리)은 미국식 발음의 백미다. 동양 사람들이 처음 들었을 때 과연 어떻게 따라할까 싶을 정도로 난해한 발음인데, 이런 어려운 발음들을 술술 잘하고 거기다 말의 속도까지 빠르면 대부분 이렇게 말하며 엄지를 치켜세운다.

"와~ 영어 좀 되는데?"

또 미국식이 아닌 발음을 하면 속으로 이렇게 단정짓는다.

"저 사람 발음이 참 안 좋네."

하지만 우리는 이걸 알아야 한다. 미국식 발음이 영어의 전부는 결코 아니라는 것을. 세상에는 영국식 발음도 있고 호주식 발음도 있고 캐나다식 발음도 있다. 또 영어권이 아닌 나라들의 발음도 있다. 또 영어는 발음뿐만 아니라 자기 생각을 말이나 글

영어의 Basic을 키우는 법

로 '표현'하고 '의사소통'하는 능력이 훨씬 중요하다. 그러려면 적절한 어휘를 선택해 적절한 문장을 구성할 줄 알아야 한다. 단어의 개별적인 발음의 완성도가 중요한 게 아닌 것이다.

싱가포르나 홍콩, 인도 사람들은 우리 귀에 영 이상한 발음을 구사하면서도 영어가 굉장히 유창하다. 자기가 하고 싶은 말을 문장으로 구성하는 '구조적'인 학습이 되어 있기 때문이다.

그렇다면 가끔은 우리도 삐딱선을 한번 타보자.

"우리가 꼭 저렇게 어려운 발음을 따라해야 해? 그냥 한국식으로 발음하면 안 되나?"

뭐 안 될 것도 없다. 독일 사람들은 독일식으로, 프랑스 사람들은 프랑스식으로 다 자기 언어의 특성을 버리지 않은 채 영어 발음을 한다. 그러면서도 하고 싶은 말을 영어식 문장들로 엮어낸다. 우리도 발음에 대한 집착에서 벗어나 '하고 싶은 얘기를 영어로 표현할 줄 아는 능력'에 초점을 맞춰야 할 때다.

셋. 진정한 영어 고수가 되려면 해외 어학연수를 다녀와야 한다?

지난해 우리나라 국민이 해외 어학연수나 유학에 쓴 비용이 10조 원을 넘었다고 한다. 외국으로 빠져나가는 돈이 실로 어마어마하다. 그런데 영어를 잘하려면 꼭 해외로 연수를 다녀와야 하는 것일까?

그 대상이 대학생 이상 성인이라면 내 생각은 '별로 그렇지 않다'. 물론 영어권 나라 현지에서 보고 배우면 영어를 잘할 수 있는 가능성이 높은 건 사실이다. 살아 있는, 말 그대로 생생한 영어 환경에 노출됨으로써 좀더 효과적으로 영어를 익힐 수 있는 것이다. 하지만 요즘 해외 어학연수를 가는 학생들 중 상당수가 아무런 준비 없이 '무작정' 떠나고 보는 게 문제다.

"일단 가면 어떻게든 되겠지."

영어의 기본기 없이 무작정 떠나고 보니, 막상 '해외 연수'라는 말이 무색하게 아주 기초적인 수업이나 듣다 오고 만다. 어찌 보면 외국에서 영어학원을 다니는 셈이다.

영어권 국가에 있는 현지인 친구 하나가 그곳으로 어학연수를 간 한국 학생들을 가르친 적이 있는데, 기본적인 문법조차 훈련되지 않은 학생들이 많아 놀랐다는 얘기를 했다. 기본적인 문법이란 3인칭 주어일 때 동사에 s를 붙이는 것이나, 주어와 서술어의 수 일치, 시제의 일치 정도를 말한다. 그 정도도 훈련이 안 되어 있으니 고급 영어를 배우는 건 거의 불가능한 일이다. 게다가 수업 후 남는 시간에는 한국 학생들끼리 몰려다니며 놀기 바쁘다고 한다. 정말 비행기 값이 아까운 노릇이다.

한국에는 해외에서 공부하지 않고도 영어를 잘하는 사람들이 많다. 〈영어순해〉의 저자 김영로 선생님이나 EBS 명강사 이근철, 이보영 선생님 등 자신의 노력만으로 영어의 실력자가 된 사람들을 눈여겨 보라. 순전히 한국 땅에서 자신의 노력만으로 영어를 일군 경우다.

'마음먹기'에 따라서는 한국에서도 얼마든지 영어연수 효과를 볼 수 있다(한국에서의 영어연수에 관한 자세한 내용은 제5장 참조). 서점

영어의 Basic을 키우는 법

에 쌓여 있는 온갖 교재들, 방송 강의, 인터넷 자료 등 우리나라는 영어 교재 천국이라고 해도 과언이 아닌데, 이 사실을 우리 국민만 까맣게 모르는 듯하다.

경제적인 뒷받침만 된다면 외국으로 나가는 것도 좋은 경험임에는 틀림없다. 단, 한국에서 기본적인 공부는 하고 가자.

해외연수를 갈 형편이 안 된다면? 그래도 전혀 꿀릴 게 없다. 어디를 둘러봐도 영어 교재 천국인 이 땅에서는 '마음'만 먹으면 양질의 영어 연수 효과를 낼 수 있으니까.

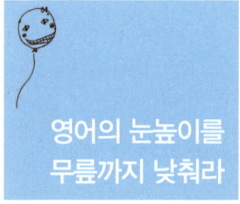

영어의 눈높이를 무릎까지 낮춰라

선생님, 영어를 놓은 지 5년 됐는데 다시 영어를 시작하려고 합니다. 어떤 교재로 공부하는 게 좋을까요? 주변 친구들을 보면 〈ECONOMIST〉를 읽거나 CNN News를 많이 듣던데, 그 정도면 괜찮은 교재인가요?

학생들이 이런 질문을 할 때마다 나는 '대략 난감'해진다. 토익 점수를 놓고 봐도 완전히 초보 수준인데, 너무 어려운 교재들을 선택하려고 하는 것이다. 왜냐면 있어보이니까.

그러나 비영어권 국가에 사는 사람이 '어린이 단계'의 영어를 생략한 채 영어를 잘할 수는 없다. 우리가 우리말을 배우던 어린 시절에 무엇을, 어떻게 공부했는지 떠올릴 수 있는 기억력만 있다면 정답은 나와 있다.

"쉽고 재미있는 교재를 선택하라."

어린이들이 보는 비디오나 동화책이 초급 영어 교재로 대단히 좋다. 영어로 듣고 말하고 읽고 쓰는 '기본기'를 가르쳐주기 때문이다. 앞서 얘기한 다양한 의미를 가진 기본 동사들의 활용법을 어린이 단계에서 충분히 즐겨야 한다.

"맘마."

"엄마."

"엄마 밥."

"엄마 밥 주세요."

"어머니 저 배고픈데 얼른 저녁 먹어요. 아버지는 진지 드셨어요?"

언어란 이런 식으로 '발전' 하는 것이지, 처음부터 발전된 상태로 출발할 수는 없는 노릇이다. 영어를 잘하고 싶다면 무조건 어린이의 마음으로 돌아가라. 어린이처럼 쉬운 영어를 보면서 웃고 따라하고 읽고 되새기는 시간을 가져라. 그러고 나서 청소년기에 읽을 법한 좀더 복잡한 글을 듣고 읽고 쓰고 말하는 것이다. 그 단계까지 마쳐야 성인용 경제

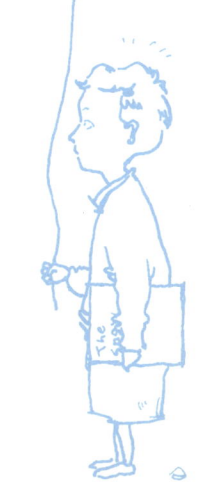

잡지를 읽어도 읽은 보람이 있다.

눈높이를 한껏 낮추자. 낮은 데서부터 올라가는 것만이 영어를 잘 할 수 있는 지름길이다. 어린이용 영어교재를 본다고 해서 창피할 필요가 전혀 없다. 우리는 한국 땅에서 한국말을 쓰는 한국 사람이기 때문이다.

영어 집중력의 기본은 체력, 정말?

토익 리스닝 문제를 푸는 도중에 질문이 뭐였는지 잊어버린다는 사람들이 많다. 이럴 땐 어떤 훈련을 해야 좋으냐고 묻는데, 그럴 때마다 나는 '걷기 운동'을 추천하곤 한다.

"걷기 운동을 하세요. 숨이 차게 빠른 걸음으로 하루 30분 정도요. 집중력이 아주 좋아집니다. 저도 매일 걷기 운동을 하고 있지요."

이렇게 답하면 열에 아홉은 못 미더운 눈으로 나를 쳐다본다. 영어 문제 푸는 데 웬 걷기 운동?

집중력은 체력과 의지에서 나온다. 하지만 체력이 따라주지 않으면 아무리 의지가 강해도 집중력이 떨어지게 마련. 몸이 아프거나 운동 부족으로 신진대사가 활발하지 못할 때는 영어는 물론 어떤 종류의 두뇌 활동도 힘이 든다. 이건 내 경험에 비춰 봐도 맞는 얘기다.

나는 매일 남산에 올라가서 빠르게 걷기를 한다. 물론 중간 중간 뒤로 걷는 것도 빼먹지 않는다. 간혹 지나가는 사람들이 나를 이상한 눈길로 쳐다보기도 하지만 그게 뭐 대수랴. 나는 건강과 영어, 두 마리 토끼를 잡고 있다는 뿌듯함에 가득 차 있는데 말이다. 하루에 한 번씩 뒤로 걷기나 뛰기를 하면 희한하게도 온몸의 긴장이 스르르 풀리면서 머리가 맑아진다. 그 맑아지는 기분은 겪어 보지 않은 사람에게 설명하기 힘들 정도다.

흔히 '공부'는 책상 앞에 앉아서 머리 굴리는 게 다인 줄 알지만, 진정한 공부란 튼튼한 몸과 건강한 마음을 바탕으로 이루어진다. 적어도 내 생각엔 그렇다. 머리만 굴리다보면 쓰지 않는 팔, 다리, 몸통에 깃들어야 할 균형이 깨지고, 그 균형이 깨지면 건강하지 못한 상태가 지속되어 결과적으로는 머리 쓰는 일도 힘들어지게 된다.

특히 영어는 우리의 머리를 핑핑 돌게 하는 대상이므로, 영어를 머릿속에서 잘 굴리려면 체력부터 키우도록 하자.

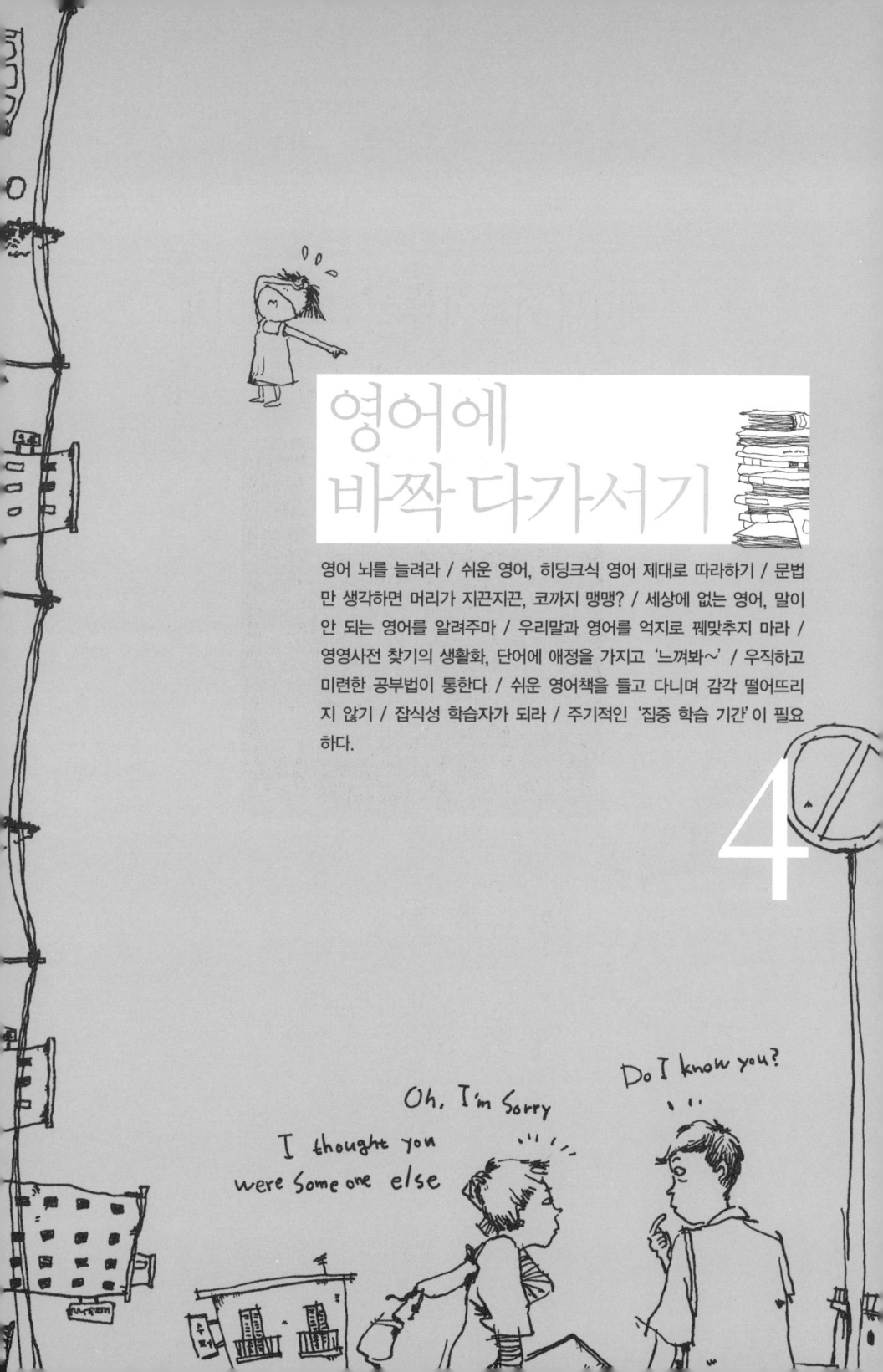

# 영어에 바짝 다가서기

영어 뇌를 늘려라 / 쉬운 영어, 히딩크식 영어 제대로 따라하기 / 문법만 생각하면 머리가 지끈지끈, 코까지 맹맹? / 세상에 없는 영어, 말이 안 되는 영어를 알려주마 / 우리말과 영어를 억지로 꿰맞추지 마라 / 영영사전 찾기의 생활화, 단어에 애정을 가지고 '느껴봐~' / 우직하고 미련한 공부법이 통한다 / 쉬운 영어책을 들고 다니며 감각 떨어뜨리지 않기 / 잡식성 학습자가 되라 / 주기적인 '집중 학습 기간'이 필요하다.

4

## 영어의 기본기를 갖췄다면 이제
## 수준을 한 단계 업그레이드 할 차례다.

심도 있는 영어를 위한 김대균식 공부법. 억지로 외운 문장이 아니라 자연스럽게 흘러나오는 영어를 구사하기 위해 우리가 할 수 있는 10가지 비법을 모아봤다. 이 방법들을 통해 영어에 바짝 다가선 후 자신만의 영어연수 프로그램 만들기에 도전할 수 있다.

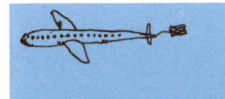
### 영어 뇌를 늘려라

외국계 기업에서 부장급으로 일하고 있는 내 친구는 업무의 대부분이 영어 프레젠테이션이다. 그 모습을 직접 본 적이 있는데, 어찌나 영어가 유창한지 원어민이라고 해도 손색이 없을 정도였다. 하지만 일상생활에서의 영어 회화는 별개의 영역이라는 걸 바로 그 친구를 통해 알았다.

한번은 원어민 동료와 함께 식사하는 자리에 그 친구를 불렀다. 짤막한 대화로는 막힘없이 영어를 구사하던 친구가 점점 대화의 내용이 깊어지자 진땀을 흘리는 것이었다. 자리를 파하고 나서야 그 친구가 하는 말.

"프레젠테이션만 하다 보니 생활 회화는 잘 안 되네?"

'용불용설'은 영어에도 통하는 이론이다. 쓰면 발전하고 쓰지 않으면 도태되는 것이다. 심지어 한국말을 잘 구사하던 사람도 책을 오랫동안 읽지 않으면 어휘력이 떨어지고, 타인과 오랫동안 접촉하지 않으면 효율적으로 대화하는 법을 잊어버린다. 나 역시도 토익에만 매달려 거의 '도사'가 되었지만 영어 회화 능력은 점차 줄어들지 않았던가.

언어와 관련된 뇌신경을 연구하는 학자들에 의하면 우리 두뇌에는 모국어에 반응하는 영역과 외국어에 반응하는 영역이 각기 따로 존재한다. 영어에 능숙한 사람은 영어에 반응하는 뇌 영역이 크지만, 영어를 잘 못하는 사람은 영어 뇌가 작아 한국어를 관장하는 영역에서 반응한다. 영어 뇌와 한국어 뇌를 번갈아 껐다 켰다 해주는

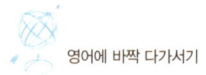
영어에 바짝 다가서기

　스위치 역할은 미상핵이 한다. 결국 영어를 잘하려면 한국어 영역과는 별도로 영어 뇌를 발달시켜야 한다는 얘기다.
　그렇다면 영어 뇌는 어떻게 발달시켜야 하나? 방법은 아주 간단하다. 한국어를 머릿속에서 완전히 배제한 채 영어로만 말하고 생각하는 것이다. 초기 단계에는 구구단을 외우듯 입을 통해 습관적으로 외우는 게 중요하지만, 점차 '생각' 자체를 영어식으로 하는 게 중요하다.
　"이 상황을 영어로 어떻게 말하지?"라는 말조차도 "How can I describe this situation in English?"라고 영어로 생각하는 것이다. 이런 무의식적인 습관을 통해 영어 뇌가 발달한다.

## 영어로 사고하기, 시작은 이렇게!

영어 뇌를 발달시키기 위해 영어로 생각하고 영어로 꿈을 꾸라는데, 참 막막한 노릇이다. 첫 단추를 어디서 어떻게 꿰어야 할지 모르는 사람들을 위한 팁.

정말 뭘 할지 모르겠다면 영영사전을 펼쳐 보자. 그리고 아무 단어나 골라 읽기 시작한다. 눈으로 보며 소리를 내어 읽는다. 단어 하나하나, 예문 하나하나 천천히 음미하면서 읽어야 한다. 외우려고 펼친 사전이 아니라 '생각'하려고 펼친 사전이기 때문이다. 그 뜻풀이 중에서 모르는 단어를 다시 찾아본다. 새로 찾은 그 단어의 뜻풀이도 눈으로 보며 소리를 내어 읽는다. 역시 천천히 음미하며 읽는다. 앞서 찾은 단어와 이 단어가 어떤 의미들을 갖고 문장 속에서 어떻게 활용되는지 열심히 이해하며 읽는다. 읽다가 모르는 단어가 보이면 그 단어를 또 찾아본다.

그렇게 계속해서 영영사전을 읽다 보면 한국어는 잠시 잊게 되고 저절로 영어로 생각하게 된다. 이것이 시작이다. 이렇게 '영어로 생각하기'가 지속되면 자연스럽게 영어로 말하기가 즐거워지며, 언젠가는 영어로 꿈꿀 날도 있을 것이다.

**sparkling** full of life and brightness: She gave a sparkling performance of the sonata. / sparkling wit

**entertain** to amuse and interest especially by a public performance: The play failed to entertain its audience.

**performance** the action or an act of performing a play, a piece of music, tricks etc.

**trick** a cleverest of actions done to entertain people, especially by using skill to confuse them

**쉬운 영어, 히딩크 식 영어 제대로 따라하기**

"이번에도 조약을 이행하지 않는다면 좌시하지 않겠다고 정부 당국자가 말했습니다."

간혹 TV 뉴스 앵커가 '좌시(座視)'라는 말을 쓴다. 앉아서 보고 있지 않겠다, 즉 '그냥 보고 있지는 않겠다'는 뜻인데, 그걸 굳이 어려운 한자어로 말할 필요가 있을까?

공부를 많이 한 사람일수록 어려운 이론을 쉽게 풀고, 영어를 잘하는 사람일수록 '쉬운' 영어를 쓴다. 여기서 '쉽다'는 말은 누구나 알아들을 수 있는 쉬운 단어를 말한다. 예를 들어 '동의하다', '응하다'를 뜻하는 단어 accede 대신에 agree, allow 등으로 쉽게 풀어 쓰는 것이다.

옥스퍼드대 출판부에서 나온 'Plain English Guide'라는 책을 보면 쉬운 영어로 글 쓰는 법에 대해 자세히 나와 있다.

```
aggregate         → total
alleviate         → ease, reduce, lessen
as a consequence of → because
apprise           → inform, tell
corroboration     → evidence, proof, support
disburse          → pay
emanate from      → come from, stem from
endeavor          → try, attempt
erroneous         → wrong, mistaken
impart            → give, pass on, tell, inform
```

어떤가, 왼쪽 단어는 생소하고 오른쪽 단어는 익숙하지 않은가? 우리 식으로 하자면, 보통 사람들이 듣도 보도 못한 옛날식 한자어 대신 쉬운 우리말로 순화시켜 쓰는 것이다.

쉬운 영어를 쓰면서도 간단명료한 화법으로 우리를 감동시킨 사람이 있다. 바로 2002년 월드컵 대회 때 우리나라를 4강에 올려놓으며 신화를 창조했던 거스 히딩크 감독. 축구만큼이나 그를 유명하게 만든 것이 바로 그의 영어 실력이다. 그의 자신감 있는 태도와 쉬운 단어, 간결한 문장 구조는 4강의 기적만큼이나 인상적이었다.

히딩크 영어에 대한 원고 청탁을 받고 그가 인터뷰한 비디오 자료들을 몽땅 분석한 적이 있다. 그가 한국에 머무는 동안 사용한 단어는 1,500개를 넘지 않았다. 이 정도 단어만 가지고도 일상적인 의사 표현을 하는 데는 전혀 무리가 없다는 얘기다. 게다가 그의 영어는 굉장히 시적(詩的)이며 극적이기까지 하다. 그가 한국에서 남긴 명언들을 잠시 감상해보자.

> "We are only half way where I want the team to be, and from now on, I will increase our potential one percent day by day, so come opening day, we will be 100 percent ready."
> 한국팀은 제가 바라는 수준의 반 정도밖에 오지 못했습니다. 우리의 잠재력을 하루에 1%씩 올려 월드컵 개막식 때는 100% 준비가 되도록 하겠습니다.
> – 월드컵 50일 전

"There is no guarantee (of a win), but I can promise that the Korean team will do their best, cheered by the Korean people. Players have gained much confidence through a couple of recent tune-ups with France and England, which will become of great help to their match with Poland."

이긴다는 보장은 없지만, 저는 한국팀이 국민의 성원에 힘입어 최선을 다할 거라고 약속할 수 있습니다. 우리 선수들은 프랑스, 영국과의 평가전에서 큰 자신감을 얻었습니다. 이것이 이번 폴란드와의 경기에 큰 도움이 될 것입니다.

― 폴란드 전 직전의 인터뷰


"I think all the people of Korea can be proud to be in the last 16. The goal is achieved. But I'm still hungry."

우리가 16강에 든 것에 대해 모든 한국인이 자부심을 가질 거라 생각합니다. 목표는 이루어졌지만 저는 여전히 배가 고픕니다.

― 포르투갈 전을 이기고 16강 진출이 확정되었을 때


"I will never leave Korea for good. Korea has stolen my heart in a very short time. Korea's in my heart and I'll never leave Korea in that sense, under whatever circumstances."

저는 한국을 영원히 떠나지 않을 것입니다. 한국은 순식간에 제 마음을 훔쳐버렸습니다. 한국이 제 마음속에 있기 때문에 어떤 경우라도 저는 한국을 떠나지 않을 것입니다.

― 월드컵이 끝난 후 한국을 떠나며

이렇게 멋진 이야기들을 불과 1,500단어로 다 해결할 수 있다니 놀랍지 않은가?

미국인들 중에서도 많이 배운 사람일수록 문장을 간결하게 표현하며 대화를 편하게 이끌어나간다. '래리 킹 쇼' 같은 프로그램만 봐도 진행자가 어려운 단어는 별로 쓰지 않는다. 우리는 어렵게 말해야 유식한 사람처럼 보이지만, 그 나라에서는 자신의 생각을 쉬운 단어로 표현하는 것을 더 지적으로 봐준다는 것이다. 우리 주변에는 몹시 어려운 영어 단어들을 줄줄이 꿰고 있으면서도 막상 영어로 의사표현을 잘 못하는 사람들이 많다. 어려운 단어를 많이 안다고 해서 영어를 잘 하는 건 절대 아닌 것이다.

또 하나 우리가 히딩크에게서 배워야 할 것은 '당당함'이다. 자신은 네덜란드 사람이기 때문에 네덜란드 억양이 영어에 섞여도 괜찮고, 또 자신은 네덜란드 사람이기 때문에 사소한 실수 정도는 문제될 것이 없다는 당당함. '영어가 유창하다'는 느낌을 풍기는 것은 바로 그의 당당함 때문이었다.

물론 히딩크가 구사한 영어는 문법적으로 틀린 부분도 많다.

> "The way you supported and the behavior you showed in and around stadium was unforgettable."
> 여러분이 성원해준 방식과 경기장 안팎에서 보여준 모습은 잊기 힘든 것입니다.
> ⋯➤ 이 문장은 주어가 두 개이니 동사도 was가 아니라 were를 써야 한다.

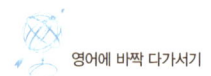 영어에 바짝 다가서기

> "One of the things that has changed about this team over the last few months is that we are not afraid anymore. We can even challenge the big teams because there is no fear."
> 지난 몇 달 동안 우리 팀의 변화 중 하나는 더 이상 두려움이 없다는 것입니다. 두려움이 없기 때문에 강팀들에게도 도전할 수 있습니다.
> ⇢ 첫 문장에서 things가 선행명사이므로 has changed는 have changed로 고치는 게 옳다.

다음은 시제의 일치에서 실수를 한 문장이다.

> "There is a desire for everyone in Korea to see the country advance to the second round of the World Cup. It is my job to prepare the team in the best possible way for them to advance to the second round. Since I took over the team, more and more, the team is showing a stable performance. The prospect is looking brighter for the team."
> 한국 사람들 모두가 월드컵 16강을 간절히 바라고 있습니다. 한국 팀이 16강에 들도록 가능한 한 최선의 방법을 준비하는 것이 제 임무입니다. 제가 부임한 이래로 한국 팀은 더욱더 안정된 플레이를 해왔습니다. 전망이 밝습니다.
> ⇢ 'since + 과거 시점'은 현재완료와 잘 어울리기 때문에 is showing보다는 has been showing이 더 적합하다.

이 밖에도 '순서대로'라는 말을 'in sequent(in sequence가 맞다)'라고 한다든지, 형용사인 'tough(강한, 힘겨운)'를 명사처럼 사용한다든지 그는 꽤 자주 문법적인 오류를 범했다. 그럼에도 불구하고 우리가 그의 영어에 열광하는 이유는? 그의 말이 영감과 재치로 가득 차 있고, 무엇보다 쉬운 단어들을 구사하면서 자신이 하고 싶은 이야기를 멋지게 펼쳐 보인다는 점 때문이다. 좋은 문장 안에 숨어 있는 실수는 사실 실수로 보이지도 않는다. 전달하려는 내용이 중요할 뿐이다.

히딩크가 쉽고 실용적인 영어를 잘하는 것은 그가 태어난 나라 네덜란드의 효율적인 외국어 학습 방법 덕분이다. 유럽의 언어들이 어휘나 문법 면에서 영어와 비슷한 점이 있다는 걸 무시할 순 없지만, 그쪽 나라 사람들은 우리처럼 문법 중심의 학습이 아니라 듣기와 말하기, 읽기, 쓰기 중심의 학습을 중시한다. 그게 바로 히딩크가 영어를 잘하는 비법이다.

우리도 한번 히딩크처럼 해 보자. 무조건 어려운 단어부터 외우려 하기보다는 귀에 익숙한 단어들의 쓰임새부터 파헤쳐 보고 그 단어들을 적절히 조합해 문장을 만든 후 자기가 하고 싶은 표현을 당당하게 소리로 내뱉는 것이다.

'다 안다'는 생각부터 버려야 한다. 기본 동사들만 해도 어떤 전치사를 만나느냐에 따라 수십 가지 뜻으로 쓰이는데, 설마 그걸 다 뗐다는 착각은 하지 마시길.

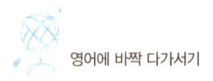

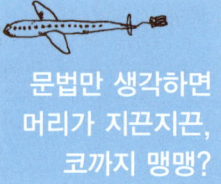

이해는 되는데 응용이 안 되는 문법. 오, 문법! 해야 할까 말아야 할까? 한다면 어떻게 해야 할까?

*선생님, 저는 문법이 너무 약한데 어떻게 극복해야 할까요? 문법책을 들여다보고 있을 때는 고개가 끄덕거려지는데 막상 말을 하거나 글을 써보려고 하면 정확한 문법이 기억이 나질 않아요.*

종종 받는 질문이다.

동사의 시제, 각종 전치사, 주어 서술어의 단, 복수 일치 등 문법책을 읽을 때는 이해가 되는 듯싶다가도 막상 회화나 영작을 하려고 하면 도무지 헷갈리는 이유? 그것은 문법에 대한 '논리적인 이해'와 '생활 속 연습'이 부족한 탓이다. 물론 수많은 예외들은 그냥 순순히 받아들이는 게 훨씬 빠르지만, 규칙으로 정리된 것들은 논리적인 이해가 가능하다.

**어떤 문법 사항을 읽은 다음에는 반드시 논리적으로 '이해'하고 연습문제를 통해 '확인'한 후 '응용'하는 단계를 거쳐야만 한다.** 단순히 '아, 이런 게 있구나'라고 보는 차원에서 끝나면 다음에도 또 '아, 이런 게 있었지' 하는 식의 막연함이 반복될 뿐이다.

사실 영어를 이제 막 시작하는 사람들이라면 굳이 문법책을 먼저 볼 필요가 없다. 쉽고 재미있는 생활영어, 어린이들이 읽는 동화책부터 읽고 듣는 것이 훨씬 효과적이다. 문법 이전에 자연스러운 언어의 맛을 느끼는 게 중요한 것이다. 다만 문법을 하는 이유는 영어를 좀더 밀도 있게 구사하기 위해서다. 외국으로 어학연수를 다녀온 학생들 중에는 영어로 말하는 자신감은 분기탱천한데 너무 앞뒤 없는 영어를 구사하는 경우가 종종 있다. 중요한 전치사를 잘못 쓰거나 빼먹는가 하면, 시제 구분 없이 전부 현재형으로만 말하기도 한다. 영어로 논문을 쓴다거나 비즈니스를 할 때를 대비해 정확한 영어를 구사할 필요가 있다.

그러면 문법을 가장 효율적으로 터득하는 비법은 무엇일까?

비법이라고 말하기엔 너무 원칙적인 얘기지만, 문법책에 나와 있는 각종 규칙들을 무조건 '암기'하려고 하지 말라는 것이다. 외워놓은 문법 지식은 실전에서 아무짝에도 쓸모가 없다. 응용력이 부족하기 때문이다.

문법 응용력을 키우려면 처음에 문법 규칙을 볼 때 충분히 '이해'해야 한다. 어떤 명사에는 the가 붙고 어떤 명사에는 왜 the가 붙지 않는지, 가정법 조건절에서는 왜 항상 주절보다 한 시제 과거를 쓰는지, 과거형과 과거완료의 차이는 왜 존재하는지 등등 끊임없이 의문을 가지고 생각해야만 한다. 생각의 끝에 가면 '아하!' 하고 논리적으로 타당한 이유가 떠오른다. 그건 누가 가르쳐주기보다는 스스로 깨달아야 하는 부분이다.

예를 들어 과거 시제와 과거완료 시제를 보자. 우리말에는 과거완료 시제라는 게 없다. 그냥 과거는 다 똑같은 과거이고, 먼저 일어난 과거 사실을 얘기할 때는 '그 일이 있기 전에'와 같이 다른 문

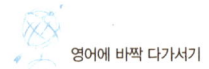 영어에 바짝 다가서기

장 성분을 더하면 그만이다. 그래서 한국 사람에게는 '과거완료'라는 명칭 자체가 큰 혼란을 준다.

하지만 곰곰이 생각해보자. 과거완료 시제는 과거형 문장으로 이루어진 글에서만 중요하지, 현재형이나 미래형 문장들과는 아무런 관련이 없다. 그러니까 과거형 문장들이 나오면 그때 비로소 과거완료 시제를 생각해도 된다는 것이다. 그 과거형 문장들 안에서 먼저 일어난 일을 얘기할 때 출현하는 게 과거완료 시제라고 정리해두면 부담이 없다.

예전에 자주 나오던 화법 문제도 마찬가지다.

> My sister said, "I did my best."
> ⋯▸ My sister said that she _____ her best.

어느 학생이 이메일로 문의했던 이 문제의 답은 'had done' 이다. 위와 같은 문제는 요즘 거의 출제되지 않는다. 하지만 이런 문제를 통해 우리가 알아야 할 것은 '과거시제 속의 화자(話者)'가 얘

기할 때는 꾸준히 과거 시제가 나와주어야 한다는 점이다. 실제 우리가 영어로 얘기할 때 잘 놓치는 게 바로 이런 시제 부분이다.

'주절의 시제보다 한 시제 앞선 과거완료'라는 설명을 기억하려고 애쓰기보다는 동사의 과거 형태와 과거 완료 형태를 눈과 입에 익도록 연습하는 게 더 중요하다. 그리고 나서 과거 형태의 서술어가 나오는 문장에서 의미상 계속 같은 시제로 가는지, 아니면 더 먼저 일어난 사건을 얘기하는지 논리적으로 파악하면 된다.

문법적인 지식을 한국말로 달달 외우는 것만큼이나 위험한 일은, 도식적인 문법 용어나 규칙에 얽매어 논리적인 사고가 불가능해지는 것이다. 여기서 토익 강좌를 할 건 아니지만, 경계해야 할 사례가 있어 소개한다. 아래 예를 보자.

> 선생님, 저는 동사 품사문제에서 현재분사와 과거분사 구별하는 문제를 항상 틀립니다. 저는 이러한 유형의 문제를 풀 때 일단 해석을 해보고 분사 뒤에 목적어(명사)의 유무를 가늠해 보는데요, 어느 때 해석을 해야 하고 또 어느 때 목적어 유무를 파악해야 하는지 헷갈립니다. 예를 들어,
>
> I recently received a statement from your hospital for physician services performed on October 7th, while I had been _____ in the ST. Louis area.
> (a) traveled (b) travel (c) traveling (d) on traveling

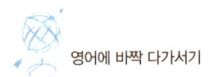
영어에 바짝 다가서기

> 일단 이런 문제에서 (a)나 (c)를 골라야한다는 건 아는데, 뒤에 목적어가 없어서 (a)를 골랐건만 답은 (c)네요. travel이 자동사라 그런 건지 해석상 그런 건지 헷갈립니다.
> 아래 문제에서도 해석상으로는 (c)가 답인 것 같은데, 뒤에 전치사가 있고 increase의 목적어가 없는 걸로 봐서는 (d)가 아닌가 하는 생각도 듭니다. 이런 유형 문제를 어떻게 접근해야 하는지 확실히 알고 싶습니다.
>
> Now the second leading cause of death in the United States, obesity is _____ in developing and developed countries all around the world
>
> (a) increase  (b) increases  (c) increasing  (d) increased

이 학생은 문장 성분을 자연스럽게 파악하고 그 흐름에 어울리는 답을 찾는 데 서툴다. 수많은 동사들이 자동사로도 쓰이고 타동사로도 쓰이는데, 동사가 등장할 때마다 일일이 '목적어의 유무'라는 규칙을 들이댈 수는 없는 노릇이다. 다양한 영어 문장을 접한 사람이라면 도식적인 문법 규칙을 굳이 떠올리지 않더라도 '자연스럽다' 혹은 '어색하다'는 느낌이 올 것이다.

첫 번째 문제의 경우 정답은 (c)다. 만약 (a)를 고른다면 '여행 가는 것을 당했다'라는 이상한 수동태가 되어버리는데, 굳이 고민할 필요가 있을까? 두 번째 문제의 답은 (c). '미국의 사망 원인 2위인 비만이 전 세계적으로 증가하고 있다'라는 문맥만 파악된다면 쉽게 고를 수 있는 답이다.

사실 영어권 국가에 사는 사람들 중에도 문법을 틀리는 경우가 많다. 문법책을 따로 보지 않고도 영어로 의사소통하는 데 큰 지장이 없는 사람들도 많다. 그럼에도 불구하고 우리가 문법을 공부하는 이유는 (시험 문제를 풀기 위해서가 아니라) 영어를 좀더 밀도 있게 구사하기 위해서이다. 이 점을 늘 머릿속에 간직하고 있어야 한다.

무조건 외우지 말고 깊은 생각 끝에 논리적으로 이해하기. 그리고 영작이나 스피킹으로 활용하기. 이 두 가지만 기억하자.

## 읽기 쉬운 문법책을 반복해서 보라

문법책은 초등학교를 졸업한 사람이라면 누구나 이해할 수 있을 정도로 쉽게 쓰여 있어야 한다. 문법책에 나오는 용어 자체가 너무 어려워서 읽기를 아예 포기했던 사람들, 그건 그대들의 잘못이 아니라 문법책을 너무 어렵게 쓴 사람들의 잘못이다. 전달하는 방식이 쉽고 명료하면 아무리 어려운 내용이라도 이해할 수 있는 것이다. 혹시라도 어려운 문법책 때문에 절망했던 기억이 있다면 그 기억을 지워버리고 다시 한 번 도전해 보자. 문법책은 여러 권 본다고 좋은 게 아니다. 한두 권을 선택해 제대로 이해하고 활용할 수 있을 때까지 열 번 스무 번 반복해서 읽는 게 효과적이다. 단, 영어 하는 재미를 잃지 않는 선에서.

### 세상에 없는 영어, 말이 안 되는 영어를 알려주마

I who am happy.

나에게 영문학도의 꿈을 심어준 영어 선생님이 가르쳐준 이 문장. 대학에 와서야 이런 영어는 사용 불가라는 걸 알게 됐다. 인칭대명사는 those를 제외하고는 관계대명사의 꾸밈을 받지 못한다. 인칭대명사를 관계대명사와 함께 쓰는 원어민은 없기 때문이다. 그런데 여전히 우리 주위에는 문법을 위한 문법 설명에 열을 올리거나, 실생활에 쓰이지 않는 문법에 집착하는 사람들이 있다.

가끔 학생들이 해오는 질문들 중에 이런 게 있다.

> Have+been+being+pp. 형태를 사용할 수 있나요?
> "그 물건은 나로 인해 현재까지 사용되어지고 있다"라고 현재완료 수동 진행형으로 쓰일 수도 있지 않을까요? 제발 알려주세요~.

완료가 된 일이 여전히 진행되고 있다는 게 논리적으로 말이 되는가? 이 학생은 논리적으로 말이 안 되는 걸 가지고 '혹시?' 하며 고민하는 것이다. 물론 호기심은 영어 발전의 디딤돌이지만 어느 정도는 이성적인 생각이 필요하다. 혹은 문법적으로는 맞는 것 같아도 실제 영어권 사람들이 전혀 쓰지 않는 문장에 대해서는 '망각'이 필요하다. 세상에 없는 영어는 부디 잊어주길 바란다.

한 학생이 잘 모르겠다며 들고 온 아래 토익 문제를 통해서도 배

영어에 바짝 다가서기

울 점이 하나 있다.

> 아래 문제에서 (A)와 (C)가 정답이 아닌 것은 알겠습니다. 그런데 (D)는 왜 안 되나요? 대명사 it이 잘못된 건가요?
> He asked me to go to the post office for some stamps and I _____ as soon as I could.
> (A) tried (B) did so (C) bought (D) completed it

"우표 사는 것을 완성했다."

해석해 보면 정말 어색하지 않은가? 정답은 (B)다.

"그가 우체국에 가서 우표를 좀 사달라고 했고, 나는 할 수 있을 때 그렇게 해줬다."

영어로 된 글을 읽을 때는 자연스럽게 말이 되는지 안 되는지를 파악하는 게 중요하다. 말이 되는 영어인지 안 되는 영어인지, 어색한 영어인지 자연스러운 영어인지 알 수 있는 비법은 따로 없다. 무조건 영어 글을 많이 읽는 수밖에. 짧은 시간 안에 이 부분을 해결하고 싶다면 중학교 영어 교과서 본문 외우기를 권장한다. 단, 외운 것은 반드시 주변 사람에게 들려주거나 점검을 받아 확실히 머릿속에 저장되도록 해야 한다. 그런 식으로 많은 영어 문장들이 기억 속에 남으면 영어로 된 글을 읽을 때 본능적으로 느낌이 온다.

"이거 좀 어색한데?"

이 말을 자연스럽게 내뱉기까지는 상당량의 영어 읽기가 따라주어야 한다는 점, 잊지 말자.

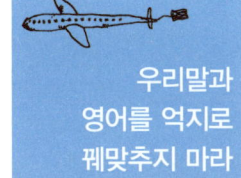

### 우리말과 영어를 억지로 꿰맞추지 마라

"객실비에는 무료 구두닦이 서비스가 포함됩니다."

이 문장을 영작하면?

'포함된다'는 말을 영어로 바꾸기 위해 떠올리는 단어로는 'contain'이 아마 가장 먼저일 것이다. 하지만 우리말로 해서 '포함된다'이지, 영어로는 '제공된다' 혹은 '제공하다'라는 단어를 떠올려야 맞다.

"The hotel provides a shoe-cleaning service for its residents."

영어로는 이렇게 써야 자연스럽다. 우리말로 생각하고 영어로 번역하는 과정에서 흔히 발생하는 오류. 영어를 우리말에, 혹은 우리말을 영어에 꿰맞추느라 엉뚱한 표현을 내뱉는 것이다. 하지만 우리말과 영어는 문장 구조나 어휘 자체가 다를 뿐만 아니라 표현의 관점도 다르다.

"너 나 알아?"

처음 보는 사람이 아는 척을 했을 때, 우리는 이렇게 물어본다. 하지만 영어에서는 주어가 달라진다.

"Do I know you?"

만약 이 문장을 'Do you know me?'라고 해도 문법적으로 틀린 건 아니지만, 실제로 영어권 국가에서 잘 쓰지 않는다는 게 문제다. 그러니 영어를 우리말에 맞추지 말고 현지인들이 사용하는 영

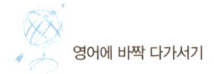
영어에 바짝 다가서기

어식대로 써야 한다.

다음 예문을 보자.

> "When he is <u>one to two years</u> old and he's gained a lot of weight and size then we will move him to another zoo where he gets a chance to mate a female and to make more small Knuts."
> 크누트가 한두 살이 되어서 몸집이 많이 커지면 다른 동물원으로 옮겨서 짝짓기를 시킬 것입니다. 더 많은 북극곰을 번식시킬 수 있게요.

독일에 사는 곰 얘기인데, 어떤 학생이 이런 질문을 했다.

"한두 살을 영어로 바꾸면 one or two라고 해야 하지 않나요?"

얼핏 들으면 맞는 얘기 같다. 하지만 이것 역시 영어를 우리말에 억지로 꿰어맞춘 경우다. one or two는 '1년이나 2년', '한 살이나 두 살'이라는 뜻이다. '한 살이나 두 살'이라는 표현과 '한두 살'이라는 표현이 우리말에서는 곧잘 같은 뜻으로 쓰이곤 하지만, 영어에서는 전치사를 정확히 구별해서 써줘야 한다. '한두 살'은 곧 '한 살에서 두 살 사이'의 연령을 가리키므로 one to two가 맞다.

또 아래 예문을 한번 보자.

> When you compile the Director's report this time you can _____ the figures from last year as he already has them.

보고서를 취합할 때 작년 이후의 것은 빼라는 얘기다. 이 문제에 대한 질문은 이랬다.

"답이 omit인데, 왜 deduct는 안 되죠? 사전을 찾아보니 deduct from~이라고 하면 '~로부터 빼다, 공제하다'는 뜻이 있더라고요."

물론 빈 칸에 들어갈 단어가 우리말로는 '빼다' 이다. 하지만 빼는 것도 여러 종류가 있는 법. 이 문장에서는 작년분 리포트를 '포함시키지 않아도 된다'는 뜻의 '빼다'가 되어야 한다. 그러니 not to include 혹은 leave out으로 풀이되는 'omit'가 정답이다. 이에 비해 deduct는 돈, 금액을 공제하는 데 쓰이는 단어다.

certificate와 certification의 차이를 묻는 학생도 있다. certificate는 꼭 동사처럼 생겼지만 사실을 보여주는 증명서(a document)다. birth certificate출생증명서, marriage certificate결혼증명서 등을 예로 들 수 있다. certification은 1차적으로 '증명, 자격'이라는 추상명사로 기억하자. 예를 들어 He has his certification as a teacher라고 하면 그는 '교사로서의 자격을 갖추고 있다'는 뜻이 된다. 고로 한국말로 '증명서'라고만 외워두면 실제 상황에서는 두 단어가 헷갈릴 수밖에 없다.

한국말은 한국말이고 영어는 영어다. 이 두 언어가 가진 각각의 특징을 파악하고 그 특징을 잘 살려서 공부하는 접근법이 필요하다.

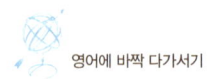

영어에 바짝 다가서기

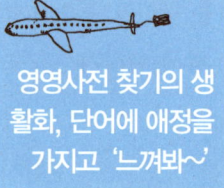

영영사전 찾기의 생활화, 단어에 애정을 가지고 '느껴봐~'

토익 시험에 대한 수요가 높다 보니 시험에 자주 나오는 단어들을 일목요연하게 정리한 족보(?)가 나돌기도 한다. 아래를 한번 보자.

> come into effect ~이 실시되다, 발효하다
> go into effect at the end of this year 금년 말에 시행하게 되다
> follow instructions against side effect 부작용에 대해 지시 사항을 따르다
> abide by the payment terms 지불 약정을 지키다
> ensure building safety and function 건물의 안전도와 기능을 보장하다
> be transferred to the branch office 지점으로 발령나다
> unauthorized reproduction of the published materials 출간된 자료에 대한 무단 복제
> grasp economic indicators 경제지표를 파악하다

이런 숙어들을 외워두면 과연 나중에 활용할 수 있을까?

나도 학생들에게 각종 품사별, 숙어별 정리를 해주기도 한다. 하지만 이렇게 수동적으로 세공된 자료를 무작정 외우는 것은 정말 옳지 않은 공부방법이다. 단어든 숙어든 하늘에서 뚝 떨어져 혼자 노는 종족이 아니라 문맥 안에서 의미를 갖는 존재들이기 때문이다. 게다가 관용적인 표현들은 우리의 '논리적인 유추'를 완전히 벗어날 때가 많다.

영영사전 찾기를 생활화하자. 그리고 단어의 정확한 의미를 하나 하나 느끼며 문맥 속에서 어떤 식으로 존재하는지 관찰하자. 그렇다면 아래와 같은 질문은 하지 않을 것이다.

"comply with와 compliance with의 차이가 뭐죠?"
"satisfactory와 satisfying과 satisfy는 어떻게 다른가요?"

궁금하다면 지금 당장 영영사전의 숲속으로 산책을 떠나 보시길.

## 나만의 어휘 파일을 만들자

　인간의 기억력에는 한계가 있고, 특히 성인이 된 이후에는 '돌아서면' 잊어버릴 정도로 기억력이 감퇴한다. 자신의 머리가 나쁘다고 탓하지 말 일이다. 나이 들면 노화가 진행되는 게 자연적인 섭리니까. 그럼에도 불구하고 단기 기억력을 극복할 수 있는 방법이 하나 있으니, 바로 '반복학습'이다.

　영어 듣기나 읽기를 하면서 기억할 필요가 있다고 생각되는 단어나 표현들은 파일로 정리해두자. 날짜별로, 혹은 알파벳순으로, 혹은 출처에 따라 정리하되 한글로 단어 뜻만 달랑 적어서는 절대 안 된다. 반드시 영어로 뜻풀이를 쓰고 예문까지 함께 적어야 한다. 그리고 정리한 것을 수시로 보면서 복습하는 습관을 들이자. 오늘 정리한 내용을 내일 다시 보고, 사흘 후에 또 보고, 일주일 후에 한 번 더 점검하는 것이다. 이렇게까지 하는데 영어 어휘력이 좋아지지 않을 수 없다.

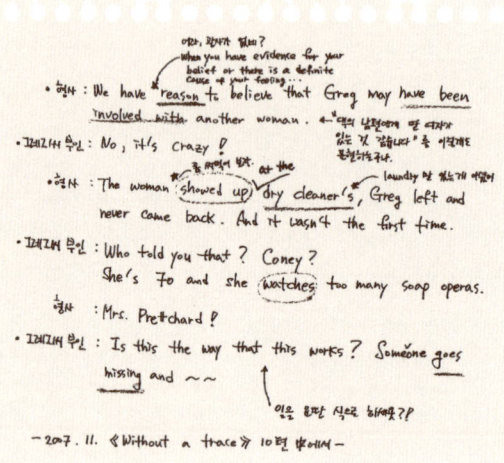

**우직하고 미련한 공부법이 통한다**

내가 고등학생이었을 때 봤던 유일한 영어 참고서는 영영사전이었다. 당시만 해도 영영사전을 보는 고등학생은 드문 시절이었다. 한영사전을 보면 바로바로 뜻이 나오는데, 굳이 영영사전으로 어렵게 공부할 필요가 없다고 생각하는 사람들이 많았다.

하지만 영어로 된 뜻풀이를 바로바로 이해하지 못해도, 뜻풀이에 나오는 모르는 단어를 찾아보고 거기서 또 모르는 단어를 이해하려고 노력하는 사이에 영어에 대한 감각을 익힐 수 있었다. 초등학교 때 국어사전을 통해 우리말을 본격적으로 습득해나간 것처럼 영어에 대한 감각도 영영사전으로 익히게 된 것이다. 당시로서는 무척 중요하게 생각되었던 문장 분석 능력이 자연스럽게 향상되었고 문법적인 부분도 알게 모르게 도움을 받았으며 어휘가 늘어가는 재미도 쏠쏠했다. 학교에서 시험을 볼 때마다 이 모든 것들이 체화된 상태에서 빨리빨리, 그리고 쉽게 답을 찾아내는 기쁨. 모든 해설이 한국어로 쉽게 나와 있는 자습서로 공부한 친구들은 절대 맛볼 수 없는 희열이었다.

요즘 학생들은 너무 쉽고 빠른 것을 좋아한다. 토익 시험이 가까워오면 다급하다 못해 화급한 어조로 이메일을 보내는 학생들이 많다.

"선생님, 토익에 자주 나오는 숙어 정리 좀 해주세요!"

"선생님, 단어 정리하신 것 있으면 좀 보내주세요!"

 영어에 바짝 다가서기

나는 서비스 정신을 최우선으로 하는 강사이기 때문에 내가 갖고 있는 모든 자료들을 성의껏 분류해서 보내주곤 한다. 하지만 그때마다 의구심이 앞서는 것은 어쩔 수가 없다.

'과연 내가 정리해준 걸 갖고 공부하면 그게 진정한 공부가 되는 것일까?'

그건 아니라고 본다. 공부는 '공부하는 과정' 속에서 이루어진다. 사전을 찾아가며 어렵게 어렵게 터득한 의미, 문법책을 읽으며 간신히 깨달은 규칙들, 다른 사람에게 가르쳐주면서 새삼 알게 된 오류 등 '과정'을 통해야만 자기 실력이 느는 것이다. 좋은 점수 받고 끝나는 반짝 영어인재가 아니라, 글로벌 시대가 필요로 하는 진정한 '핵심 인력'이 되고 싶다면 미련하고 우직하게 공부하라. 결코 먼 길을 돌아가는 게 아니라, 긴 여정을 탄탄하게 다져가는 길이다.

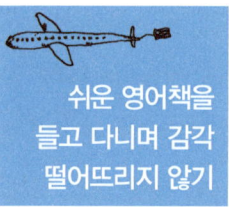
쉬운 영어책을 들고 다니며 감각 떨어뜨리지 않기

영어를 잘하고 싶다면 평소 영어 감각을 유지하는 게 중요하다. 제일 권장할 만한 방법은 역시 '책 읽기'이다. '영어로 된 책을 읽는다'는 것은 곧 '영어와 함께 시간을 보낸다'는 것과 같은 맥락이다. 영어는 시간을 먹는 스펀지 같은 것이라서, 영어에 시간을 할애하면 할수록 영어에 대한 본능적인 감각이 쌓인다. 술술 읽히는 쉬운 책을 들고 다니며 짬짬이 읽는 습관을 키우도록 하자.

bawl
bawl
Mam—
robbed—

쉬운 영어책의 기준은 사람마다 다르겠지만, 완전 초보라면 어린이들이 읽는 짧은 동화책을 선택한다. 예쁜 그림이 나오는 창작 동화책일수록 재미가 있다. 누누이 강조했듯 한국의 어른이 영어 동화책을 읽는 것은 전혀 창피한 일이 아니다. 미국 땅, 영국 땅에 사는 국민들 중 한국 동화책을 만져라도 본 성인이 몇이나 되겠는가.

영어의 문장 구조에 대해 어느 정도 이해력을 갖고 있는 초급이라면 〈Reader's Digest〉 같은 잡지가 괜찮다. 짧은 유머와 긴 기사가 골고루 섞여 있어서 자기 입맛에 맞는 글을 찾아 읽을 수 있다. 또 〈The Little Prince 어린 왕자〉나 〈Charlie and the Chocolate Factory 찰리와 초콜릿 공장〉 같은 어린이용 소설, 오 헨리 같은 유명 작가의 단편소설들도 훌륭한 읽기 재료들이다.

초급에서 중급 사이의 실력이라면 좀더 대중적인 영어 소설을 권한다. 원서를 시작하기 전에 '과연 내가 읽을 수 있을까?' 하는 두려움에 휩싸이게 되는데, 전혀 걱정할 필요가 없다. 처음에는 누구나 다 어렵기 때문이다. 하지만 일단 시작하고 나면 '읽는 맛'에 푹 빠진다. 첫 장부터 할리우드 영화 한 편을 보는 듯한 댄 브라운의 〈Angels and Demons 천사와 악마〉나 시드니 셸던 작 〈The Doomsday Conspiracy〉 등 세상에는 너무나 재미있는 영어 소설들이 많다. 단어를 많이 몰라도 소설 속에 존재하는 긴장감과 이야기 흐름에 대한 궁금증 때문에 저절로 페이지를 넘기게 된다. 대중소설들은 300~500페이지 정도의 분량이기 때문에 매일 들고 다니며 함께 시간 보내기엔 딱이다.

중급 이상의 실력이라면 쉬운 잡지부터 영문학 작품까지

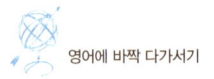

골고루, 그때그때 취향 따라 읽으면 된다.

흔히 영한대역문고를 많이 사는데, 나는 별로 추천하고 싶지 않다. 왜냐하면 십중팔구는 왼쪽 페이지의 영문 원서를 읽자마자 오른쪽 페이지의 한글 번역으로 눈길이 가기 때문이다. 물론 한글 번역이 되어 있는 페이지를 종이로 가리거나 접는 방법도 있겠지만, 중요한 것은 '영어로 된 글을 읽는 재미'이지 '해석'이 아니다. 영어를 읽는 재미를 알기 전에 번역의 기초를 탐구할 게 아니라면 영한대역문고는 피하는 게 좋다.

## 사진이나 그림을 영어로 묘사해 보자!

사진이나 그림을 놓고 영어로 묘사하는 연습을 자주 하다 보면 확실히 영어가 는다. 능동적 두뇌활동으로 영어 뇌가 자극을 받기 때문이다. 원어민이나 영어를 잘 하는 사람에게 부탁해 첨삭을 받으면 좋겠지만, 만약 그럴 상황이 안 된다면 스스로 첨삭을 해 볼 수 있다.

일단 사진이나 그림을 보며 정해진 시간(1~3분 정도) 안에 영어로 써 본다. 그리고 자신이 쓴 영어 문장들을 하나씩 검토한다. 우선 시제, 단수나 복수, 3인칭 동사형을 모두 올바르게 썼는지 확인한 후, 동사나 형용사 등 단어를 적절하게 선택했는지 확인한다.

**잡식성 학습자가 되라**

꿀 먹은 벙어리, 아니 꿀을 잡수신 학생들. 영어 회화 학원의 강사들은 하나 같이 한국 학생들의 '수줍음'을 통탄한다. 너무 말이 없다는 것이다. 왜 그렇게 말이 없는 걸까? 과연 영어 실력이 창피해서일까?

내 생각에 그 이유는 '할 말이 없기 때문' 이다. 이것저것 암기하는 단순 지식에는 강하지만 '앞은 이렇고 뒤는 저렇고 해서 결론은 요렇다' 라는 식의 '이야기'에는 약한 게 바로 한국 사람들이 아닌가 한다. 게다가 남의 말을 들어주는 진득함마저 사라진 초스피드 사회이다 보니, 더더욱 말이 적어질 수밖에 없다.

할 말이 많아지려면 다양한 방면의 교양을 쌓아야 한다. 그리고 습득한 교양에 자신의 사색을 더해야 한다. 그래서 논거가 분명한 이야기를 하는 훈련이 되어야 한다. 물론 한국말로 먼저.

더불어 영어와 관련된 자료도 한 가지만 고집하지 말고 다양하게 섭취할 필요가 있다. 잡지, TV 드라마, 영화, 예술, 정치, 경제, 스포츠 등 다양한 분야의 영어를 접한 사람만이 다양한 어휘와 다채로운 이야깃 거리를 갖게 되는 것이다. 경제 잡지만 읽는다든지, TV 드라마만 본다든지 어느 한 가지만 고집하면 다른 분야의 어휘나 정보는 빈약해질 수밖에 없다. 덩달아 대화의 소재도 빈약해진다. 영어를 익히는데 있어서 과식이나 편식은 곤란하지만 잡식은 종종 필요하다.

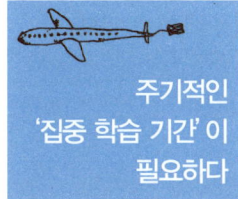

## 주기적인 '집중 학습 기간'이 필요하다

매일 영어 1시간? 나쁘지 않다. 듣기를 하든 읽기를 하든 문법책을 보든 하루하루 꾸준히 하는 것은 영어 실력을 쌓는 데 도움이 된다. 하지만 매일 조금씩 공부하는 와중에 가끔은 '집중 기간'이 필요하다. 이를테면 한 달 내내, 하루 종일 영어로 듣고 영어책을 읽고 영어로 말하고 영어로 생각하는 것이다. 이런 기간을 갖고 나면 영어가 큰 폭으로 한 단계 성장한다.

내가 가르친 학생들 중에서 두어 달 만에 토익 점수를 200~300점씩 올린 사람들의 특징은 '집중적'으로 토익 공부를 했다는 것이다. 단기간에 300점을 올린 이를 예로 들자면, 그 분은 직장인이면서 부인과 아이들이 있는 가장이었다. 그런데 토익 시험을 준비하기로 마음먹은 그날부터 부인과 각방을 썼고 자신만의 영어 공간을 만들어 공부에 집중했다. 잠을 잘 때도 영어 테이프를 틀어두었고, 아이들과 놀아주는 시간도 대폭 줄였다.

미친 듯이 두 달을 투자한 결과 첫 시험보다 300점이나 올랐다. 영어 공부에 대한 의지와 적극적인 영어 환경, 그리고 집중 기간이 그걸 가능하게 만들었다.

실제로 피아노 같은 악기나 그림 그리기도 매일 조금씩 시간을 투자하는 것과 병행해 집중 훈련 기간을 가지면 실력이 훨씬 향상된다. 토익 시험뿐만 아니라 영어의 전반적인 수준을 끌어올리려면 일정 기간을 집중적으로 투자하는 프로젝트가 필요하다.

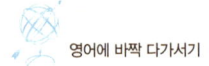 영어에 바짝 다가서기

학생은 방학을 이용해서, 직장인은 휴가를 이용해서 영어에 집중하는 기간을 가져 보자.

# 내가 기획하는 '영어연수 in Korea'

Part 1 영어에 최면 걸기 / Part 2 영어 듣기 집중 코스 / Part 3 영어 읽기 집중 코스 / Part 4 영어 말하기 집중 코스 / Part 5 영어 쓰기 집중 코스 / Part 6 멀티태스킹 코스 / Part 7 해외 실전 코스

5

영어를 잘하기 위해 해외 어학연수를
떠나는 사람들의 수가 엄청나다.

단 한 달만이라도 나갔다 오지 않으면 뒤처질 것만 같은 이 위기감. 그런데 과연 영어연수 다녀온 사람들 중 본전 뽑고 오는 사람이 몇이나 될까? 아무 준비 없이 무작정 떠났다가 '외국인과 영어로 말하는 것에 대한 두려움'을 깨고 돌아오는 정도로 그치는 게 다반사다. 겨우 그거 하려고 수백만 원씩 들여 외국엘 나간단 말인가?

미국이나 영국 가는 여비만 갖고도 한국에서 영어의 기본기를 충분히 닦을 수 있다. 내 손으로 나에게 맞는 영어연수 프로그램을 짜보는 것이다. 영어 연수 in Korea, 지금부터 고고씽~~!

## Part 1 영어에 최면 걸기

### 해외 연수에 대한 선망의 눈길을 거두시라

"한국에서 영어연수를? 에이 말도 안 돼!"

영어는 무조건 해외로 나가야만 제대로 할 수 있는 편견, 이것부터 버릴 때가 왔다. 영어권 국가와 한국의 차이는 현지에서 흔히 들을 수 있는 말이 영어냐 한국어냐의 차이 단 하나다. 물론 매우 중요한 부분이긴 한데, 길거리에서 마주치는 원어민이 일부러 연수생에게 다가와 영어를 가르쳐줄까?

우연히 지나치며 주고받게 되는 말들 속에서, 혹은 그 나라 문화의 향기 속에서 배울 수 있는 영어가 분명 존재한다. 그러나 외국인으로서 현지 영어를 습득하고 의사소통에 활용하려면 '기본기'가 있어야 한다.

기본기란, 영어 어휘력과 영어식 문장 구성법에 관한 지식이 있는 상태에서 기초적인 문법의 오류를 범하지 않는 정도의 실력을 말한다. 이런 기본기가 안 되어 있는 상태에서는 외국으로 가는 영어연수가 그야말로 돈 낭비에 지나지 않는다는 걸 알아야 한다.

초등학교 저학년 정도의 연령대라면 무작정 현지로 날아가는 방법이 통하지만, 적어도 대학생 이상의 성인에게 맨땅에 헤딩하기식의 영어 학습법은 거의 비효율적이라고 봐도 무방하다. 기본이 안 되어 있기 때문에 고급 영어 화자들이 주변에서 아무리 멋진 말

내가 기획하는 '영어연수 in Korea'

을 해도 알아듣지 못하는 것이다.

 영어연수를 한국에서 하는 게 가능한 이유

한국에는 훌륭한 영어 교재가 널리고 널렸다. 대형 서점 서가에 꽂힌 엄청난 종류의 영어 책들, 인터넷에 널려 있는 동영상 강의와 세계 각국의 방송 뉴스, 역시 인터넷에서 쉽게 볼 수 있는 영어권 국가들의 신문과 잡지, 수많은 인터넷 카페에 보관되어 있는 자료 등 눈을 크게 뜨고 찾아보기만 하면 주변이 온통 영어 금맥이다. 그 보석 같은 재료들을 돈 안 들이고 캐서 내 방으로 가져올 수 있는데, 그걸 그냥 묻어두고 해외로 나간다는 것은 너무 심한 자원낭비가 아닐까?

지금 내가 얘기하는 '영어연수 in Korea'는 대학이나 학원, 여러 단체에서 진행하는 목돈 투자형 연수를 말하는 게 아니다. 손쉽게 구할 수 있는 영어의 재료들을 자기 손으로 직접 취합하고 활용하는 연수를 말한다.

 해외 영어연수 프로그램 VS
나만의 영어연수 in korea

미국이나 캐나다, 영국, 호주 등으로 날아가서 배우는 영어연수 프로그램들은 대충 이렇다.

> - 뉴스 받아쓰기/문법 강의/발음교정/주어진 상황에 따라 회화연습
> - 텔레비전이나 영화를 본 후 토론
> - 신문 읽은 후 토론
> - 주제 발표(보통 한 달에 한 번 발표)
> - 박물관이나 방송국 견학, 체육대회나 피크닉 같은 야외 활동

이 중 한국에서 스스로 할 수 있는 프로그램을 확인해보자.

뉴스 받아쓰기_ 가능하다. 원문과 오디오 파일을 손쉽게 구할 수 있다.

문법_ 친절한 문법책과 수많은 동영상 자료 덕분에 혼자서도 가능하다.

발음 교정_ 녹음기에 내 목소리를 녹음해서 원어민 발음과 비교 청취하면 된다. 원어민 발음을 반복해서 듣다 보면 내 발음의 '구체적인 오류'가 귀에 들어온다.

회화연습_ 내용이 좋은 회화 책을 구입한 후 스터디 그룹을 짜서 회화 연습을 할 수 있다. 가끔 회화 학원에 다니거나 원어민 강사에게 점검을 받는 게 좋으나, 이건 돈이 좀 드는 항목이다.

토론과 주제 발표_ 이것 역시 스터디 그룹을 짜서 충분히 할 수 있다.

현지 박물관 견학과 소풍_한국에도 영어를 체험할 수 있는 미술관이나 박물관, 유적지가 얼마든지 있다. 전시 중인 미술관에 시간 맞

내가 기획하는 '영어연수 in Korea'

쳐 가면 영어로 설명하는 도슨트(자원봉사자)를 만날 수 있다. 영어 설명이 녹음된 음성 가이드 기기를 대여해 주는 미술관이나 박물관도 많다. 날씨 좋은 날 광릉수목원으로 소풍을 간다면 음성 가이드 기기 대여하는 걸 잊지 말 것. 각종 나무들에 대한 영어 설명을 자세히 들을 수 있다.

 이렇게 정리해 보면, 굳이 외국으로 나가지 않아도 한국에서 돈 안 들이고 할 수 있는 프로그램이 훨씬 많다. 하려는 의지와 구체적인 노력만 따라준다면 충분히 여기서 해볼 만하다.

 영어연수를 한국에서 하면 더 좋은 이유

한국에서 영어 연수를 하면 우선 굉장히 저렴하다. 인터넷에서 영어 방송이나 신문, 영어권 국가의 드라마를 볼 때 돈을 내는 일은 드물다. 그냥 회원 가입만 하면 공짜로 보고 들을 수 있는 데가 대부분이다. 영화 한 편 보려고 해도 극장에 표값을 내야 하는데 이 정도면 정말 거저먹기가 아닌가.

 또 하나, 내 머리로 짜낸 영어연수 프로젝트의 효과를 무시할 수 없다. 창의성은 곧 영어 습득으로 직결된다. 그냥 외운 지식보다는 문제 만드는 숙제를 하면 더 기억이 잘 되고, 혼자 외운 지식보다는 친구에게 가르쳐준 지식이 훨씬 더 오래가는 것과 같은 이치다. 나를 둘러싼 영어 환경을 조성하는 과정에서 이미 영어에 노출되기 시작한다. 그리고 그 환경 속에서 시간과 에너지만 투자하면 되는 것이다.

## 어떻게 프로그램을 짤까?

돈이 거의 들지 않는 기발한 아이디어를 내본다. 해외로 갈 경우 프로그램은 너무나 간단하다. '돈을 지불한다, 비행기 타고 현지로 날아간다, 수업에 참여한다' 이렇게 세 가지뿐이다. 어찌 보면 지극히 수동적인 환경에 자신을 내맡기는 꼴이다. 그것보다는 자기 힘으로 연수 프로그램을 짜보는 능동적인 태도가 영어를 향상시킨다. 돈과 전혀 상관없이 말이다.

돈이 들지 않는 가장 좋은 방법은 인터넷을 이용하는 것. 흔히 인터넷은 영어의 바다라고도 부른다. 클릭만 하면 누구나 손쉽게 영어와 관련된 음성 파일이나 동영상, 글을 접할 수 있기 때문이다.

하지만 널려 있는 정보가 많다고 해서 누구나 영어를 잘하는 건 아니다. 그 정보를 자기 식으로 취합하고 정리한 후 활용하는 사람만이 효과를 보는 것이다. 고로 인터넷 사이트들 중에서 자신의 취향에 맞는 곳, 흥미가 가는 곳, 혹은 흥미가 가지 않더라도 꼭 들러야 할 곳 등 즐겨찾기 폴더를 좀더 세분화해 보는 것이 좋다.

대형 서점이나 도서관에도 영어 자료들은 엄청나다. 직접 가서 이 책 저 책 뒤적거려 보고 어떤 책들을 어떤 순서로 읽을 것인지 등을 정한다. 또 인터넷 영어 동호회들을 서핑하며 다른 사람들은 어떻게 영어 공부를 하는지 둘러보는 것도 좋다.

연수 프로그램을 짤 때 한 가지 유의해야 할 것은 '혼자 하는 input'과 '타인과 함께하는 output'의 비율을 7 대 3 정도로 적당히 배분해야 한다는 것이다. 혼자서만 파고드는 것도, input 없이 너무 사

내가 기획하는 '영어연수 in Korea'

람들과 어울려 다니기만 하는 것도 올바른 방법이 되지 못한다.

타인과 함께하는 output 프로그램으로는 스터디 그룹을 짠다든지(커피 값이 좀 든다), 혹은 영어회화 학원에 다닌다든지(학원 수강료가 꽤 비싸다) 등, 다양한 방법을 첨가하도록 하자.

뒤에 소개하는 방법들 외에도 각자 자기만의 개성이 담긴 프로그램을 짜보길 바란다. 창의성을 발휘해 보는 것이다.

## Part 2 영어 듣기 집중 코스

### 발상의 전환 : 꼼꼼히 듣기에서 많이 듣기로!

자, 이제부터 지금까지 해온 '리스닝'을 완전히 뒤집자. 그동안 발음 하나하나, 단어 하나하나에 주의하면서 100% 완벽하게 알아들으려고 했던 방식을 버리는 것이다. 지금까지의 리스닝이 '이해를 위해' 서였다면 많이 듣기의 목적은 '즐기기 위해' 서다. 발음이나 단어 하나하나의 이해에서 벗어나 이야기 전체를 감상하는 것이다. 단어 하나하나에 주의를 기울여 듣는 것은 오래 지속하기 힘든 방법이다. 영어 소리의 독특한 특징을 몸으로 느끼고 친숙해지기도 전에 당장의 시험에 연연하던 태도를 더 이상 고집하지 말자.

'영어 소리'에 익숙해지기 위해서는 많이 듣는 것이 가장 효과적이다.

 ### 많이 듣기의 세 가지 원칙

|원칙1| 음가 하나하나에 집착하지 않는다

[s]는 항상 [스, 시로 소리날까? [k]는? [l], [r], [t], [p]는 또 어떨까?
　우리말 자모음의 발음이 그러하듯 영어의 자모음도 기본 음가는 있지만 어느 자리에 오느냐, 앞뒤에 어떤 소리가 오느냐에 따라 발음이 달라진다. [s]음은 혀가 잇몸 뒤쪽에 닿을 듯 말 듯한 상태로,

내가 기획하는 '영어연수 in Korea'

성대를 울리지 않고 이 사이로 공기를 마찰시키며 통과시킬 때 나는 소리다. 이것이 [s]의 기본 음가다. 하지만 needs, dreams가 되면 [스]가 아니라 [즈]로 바뀐다. 한 단어 내에서뿐 아니라 다른 단어와 연음될 때도 마찬가지다. Pass your plate의 경우에는 [스]가 아니라 your와 연음되면서 [슈]에 가까운 소리로 바뀐다.

[k]도 어두에 올 때, 어미에 올 때, [s] 뒤에 올 때는 엄밀히 말해 다른 소리다.

이렇게 보면 우리가 낱개로 떼어놓고 외운 소리는 빙산의 일각에 지나지 않는다. 진정한 발음은 문장 속에 존재할 뿐이다. 문장을 쪼개고 단어를 쪼개서 그때마다 달라지는 소리를 의식적으로 구분하려 드는 것은 어리석은 일이다. 그렇게는 영어 공부를 오래 지속할 수도 없고, 재미있지도 않다.

| 원칙2 | 들리지 않는 부분은 무시한다

우리가 우리말을 들을 때도 100% 정확히 듣는 것은 아니다. 발음이 부정확해서든 모르는 단어 때문이든, 혹은 단순히 주의를 기울이지 않아서든 놓치는 부분이 있다. 놓치고 있다는 사실조차 의식하지 않은 채 이야기의 흐름으로 이해한 부분들을 서로 연결해 전체적인 내용을 파악한다. 그런데 왜 영어를 할 때는 100% 완벽하게 알아들으려고 하는가.

이제부터 영어를 들을 땐 모르는 부분은 과감히 무시하고, 아는 부분들로 내용을 연결해 나가는 여유를 부려보자.

| 원칙3 | 즐겁게 듣는다

처음부터 너무 '집중' 해서 듣다보면 자신도 모르게 경직되기 마련이다. 경직된 상태로는 영어를 많이 듣기가 힘들다. 음악을 즐기듯 영어의 소리와 억양을 즐겨보자. 그게 바로 영어 듣기의 출발점이다. 귀에 들려오는 영어 자체를 즐기지 않고서야 어떻게 '듣기의 임계 질량' 을 채울 수 있겠는가.

어린이든 어른이든 '영어 공부' 가 아니라 '영어 놀이' 의 차원에서 리스닝을 해야만 자연스러운 언어 발달 단계를 거칠 수 있다.

 나는 어디쯤에서 리스닝을 시작할까?

많이 듣기를 구체적으로 어떻게 하면 좋을까? 구체적인 방법을 알아보기에 앞서, 학습자를 수준별로 구분한 접근방식을 짚고 넘어가자. 크게 왕초보, 여러모로 해봤지만 잘 늘지 않는 어중간한 초보, 그리고 발음이나 듣기도 어느 정도 되는 중급으로 나누어 진단을 내려보기로 한다.

| 왕초보 | 그림동화책 보면서 듣기

영어 리스닝이라는 걸 처음 해보거나 영어를 놓은 지가 까마득해서 처음부터 다시 시작하고 싶은 사람들을 위한 방법. 눈으로 책을 보면서 동시에 듣는다. 영어가 모국어인 초등학생을 대상으로 오디오 CD와 함께 출시된 동화 시리즈(예: Oxford Reading Tree)가 좋다.

내가 기획하는 '영어연수 in Korea'

초등학생 수준이라고해서 단순한 내용일 거라는 속단은 금물. 미국이나 영국의 초등학생들이 보는 교재이기 때문에 그렇게 얕볼 레벨도 아니다. 글자가 별로 없는 그림부터 시작해, 단계가 높아질수록 단어 수와 문장 길이가 조금씩 길어진다. 가격이 부담스럽다면 대여를 하는 곳도 있으니 인터넷에서 찾아보고 이용하자.

그림동화책을 보며 오디오 CD를 들을 때는 어린아이처럼 의미를 생각하지 않고 듣거나, 소리를 흉내 내본다. 영어의 소리 자체를 즐기는 것이다. 그러다 보면 영어 발음이 서서히 몸으로 익숙해진다.

| 어중간한 초보 | 그림동화책 듣고 나서 읽기

이런저런 방법으로 열심히 영어 듣기에 매달려 보았지만 그 어떤 문장도 시원스럽게 이해가 되지 않고, 집중한 지 얼마 되지 않아 쉬이 지쳐버리는 사람들이다. 이 부류에 속하는 사람들 가운데는 영화를 통째로 '리스닝' 하려 든다거나, 도중에 모르는 부분이 해결되지 않으면 낙담하는 경우가 꽤 있다.

'안 된다' 는 부정적인 생각을 바꾸는 것이 먼저다. 그러려면 앞서 나온 왕초보 단계처럼 만만한 수준의 교재부터 시작하되, 왕초보 단계와 달리, 보지 않고 듣기로 들어간다. 그러면서 '영어 어순 그대로 이해하는' 영어식 사고와 '모르는 부분은 과감히 무시할 수 있는' 여유를 익히자.

| 발음도 듣기도 만만한 중급 | 내 맘에 드는 장르, 소재로 흥미를 지속하기

이 경우는 소재에 제한을 둘 필요가 없다. 소설 오디오 북도 좋고, 뉴스도 좋고, 영화나 TV드라마도 좋다. 흥미가 가는 대로 가볍게 즐길 수 있는 소재를 스스로 찾아 나서면 된다. 단, 앞으로 소개할 듣기 방법을 적절히 따르길 권한다.

 본격적인 리스닝 6단계 훈련법

영어를 많이 듣는 것이 절대적으로 중요하지만, 더욱 중요한 것은 듣는 방법이다. 영어의 소리를 체화시킬 수 있는 원리에 기반을 두지 않고 무턱대고 많이 듣는 것은 시간과 에너지 낭비다. 많은 사람들이 딕테이션(받아쓰기)이나 섀도잉(따라 말하기) 등 몇 가지 리스닝 훈련법을 알고 있을 것이다. 하지만 유기적으로 그 방법들을 썼다기보다는 그때그때 임시방편으로 해본 게 전부일 것이다. 왜 그런 식으로 연습해야 하는지 이유를 모르기 때문에 실력이 늘지 않으면 곧 그만두게 된다.

이제부터 소개할 훈련법은 영어를 제2외국어로 가르치는 ESL 교수법에서 공통적으로 사용하며 그 효과가 입증된 방법들이다. '많이 듣기'와 조합하면 큰 효과를 발휘한다.

내가 기획하는 '영어연수 in Korea'

|훈련법1| 보지 않고 듣기

일단 텍스트를 보지 않은 상태에서 들어보자. 어떤 내용인지, 어떤 장르인지(픽션, 논픽션, 뉴스, 인터뷰, 연설, 회화), 성우의 음색이나 속도, 억양은 또 어떤지 등등 막연하나마 전체적인 인상을 파악하는 것이다. 이것이 리스닝과의 첫 대면이다.

|훈련법2| 중얼거리기 mumbling *생략 해도 된다.

멈블링은 말 그대로 '중얼거리기' 다. 본격적으로 말을 시작하기 전에 입을 풀어주는 방법으로 한국어에 길들여진 우리의 입을 풀어주는 단계이다. 처음부터 명쾌한 영어 발음을 구사하기란 힘들므로, 그에 앞서 워밍업을 하는 단계로 이해하면 좋다. 말하자면 순진한 차원의 '소리 흉내' 인 셈이다.

영어 청취 교재를 들으며 무작정 따라한다. 개별 단어 혹은 문장의 의미에 연연하지 않고 그냥 들리는 대로 웅얼웅얼 따라하면 된다. 문장 하나를 완벽하게 따라하려고 조바심 내기보다는 중간 중간 귀에 들리는 것만 재빨리 입으로 중얼거려 본다.

단, 귀에 들리는 소리(모델 음성) 보다는 작은 목소리로 따라할 것. 이것저것 많이 들으면서 부담 없이 하도록 하자.

|훈련법3| 텍스트 확인하기 *맨 처음 혹은 맨 마지막 단계여도 된다

영문 텍스트를 보며 무슨 내용이었는지 확인하고 이해를 넓히는 단계이다. 이 단계는 학습자의 스타일에 따라 제일 처음 할 수도 있고, 맨 마지막에 할 수도 있다. 텍스트를 먼저 보고 내용을 파악한

다음 본격적인 듣기 훈련을 밟는 사람도 있지만, 반대로 매 단계마다 조금씩 의미를 파악하다가 맨 마지막에 텍스트를 확인하는 사람도 있다. 어느 쪽이든 본인에게 맞는 방법을 찾으면 된다.

| 훈련법 4 | 싱크로 리딩 parallel reading

싱크로 리딩(synchro reading)은 전문용어로 parallel reading이라고 한다. 테이프나 CD에 녹음된 모델 음성을 들으면서 교재를 읽는 방법. 효과를 보려면 가능한 한 모델 음성과 비슷하게 흉내 내는 것이 중요하다. 그러자면 반복해서 연습하지 않을 수 없다.

 이 방법을 따라하는 동안 첫째, 원어민도 알아들을 수 있는 수준으로 발음이 개선되고 둘째, 역으로 원어민이 하는 말을 알아듣기가 수월해지며 셋째, 다양한 영어 소리 데이터가 축적되어 다음 단계로 쉽게 올라갈 수 있다.

 싱크로 리딩은 우선 모델 음성을 몇 초 늦게 쫓아가며 리듬, 억양, 강세, 속도, 끊어 읽는 지점을 잘 파악해야 한다. 입안에 소리가 울리는 공간을 크게 만든다는 느낌으로, 입 근육을 크고 유연하게 사용하자.

 이렇게 '소리와 친해지기'를 한 다음에는 의미를 생각하며 감정을 넣어 따라 읽는다. 소리와 친해지기가 다져진 상태에서 '의미와 친해지기'로 옮겨가는 것이다.

 스스로 평가해 보고, 부족한 부분은 집중 반복하도록 하자. 싱크로 리딩과 다음에 나올 섀도잉은 동시통역을 공부하는 사람들이 활용하는 방법인데, 섀도잉이 좀더 수월해지고 효과적이 되려면 그

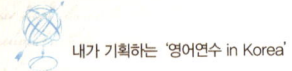

전 단계인 싱크로 리딩을 충분히 연습해야 한다.

| 훈련법 5 | 섀도잉 shadowing

싱크로 리딩으로 소리와 발성에 익숙해지고 나면 문자에 의존하지 않는 섀도잉 단계로 접어든다. 섀도잉이란 텍스트를 보지 않고 소리에만 의존해 따라 말하는 훈련법이다.

막상 시작하려면 무척 어렵게 느껴지지만 이 연습을 계속하면 신기하게도 영어 발음을 보다 섬세하게 파악할 수 있게 된다. 또 원어민의 발음을 그대로 흉내 내서 그림자처럼 따라가며 재생해야 하므로 자신의 리듬과 발음, 억양을 더 잘 다듬을 수 있다. 듣기 소재는 자신의 영어실력보다 약간 쉬운 것으로 고르는 게 좋다.

영어 청취 자료를 들을 때 우선 소리에 집중하고 그 다음 의미에 집중하는 순서를 따른다. 섀도잉과 싱크로 리딩의 차이점은 눈으로 텍스트를 보느냐 보지 않느냐 하는 것뿐이다.

'소리와 친해지기' 섀도잉을 하다 보면 도중에 속도를 놓치기도 하고 발음이 뜻대로 되지 않기도 한다. 그때마다 속상해하지 말고 재빨리 다시 시작하자. 정확한 소리 재현에만 신경을 쓰고, 의미는 크게 생각하지 않아도 된다.

'의미와 친해지기' 섀도잉을 할 때는 소리 위주의 섀도잉을 할 때와 확실히 다르다. 하지만 소리를 흉내 내며 동시에 의미를 좇아가는 쾌감은 남다르다.

섀도잉은 원어에 가까운 발음, 고도의 청취력, 영어 이해도(문법, 구문, 어휘)가 요구되는 강도 높은 훈련이다. 섀도잉이 도무지 안 된다면 다시 싱크로 리딩 단계로 돌아가는 것도 좋은 방법이다.

| 방법 6 | 리사이팅 reciting

리사이팅은 텍스트를 보며 혼자 낭송해보는 훈련이다. 리사이팅 또한 처음에는 의미를 생각하지 말고 영어다운 발성을 하는 데 주안점을 두는 것이 좋다. 그 다음에 의미를 생각하며, 감정을 넣어 읽는 순서를 거치도록 하자.

'소리와 친해지기' 리사이팅을 하기 전에 먼저 한번 듣고 시작하는 것도 좋다. 리듬감을 몸으로 느끼면서 듣고 난 다음 본격적인 리사이팅에 들어가는 것이다. '의미와 친해지기' 리사이팅을 할 때는 누군가에게 들려준다는 기분으로 해보자. 이때 자신의 리사이팅을 녹음기에 녹음해서 들어보고 스스로 평가하는 시간을 가져보는 것도 중요하다.

> **parallel reading, shadowing, reciting의 세부적인 방법**
>
> <u>소리와 친해지기</u> 영어 발성의 특징과 친해지는 훈련이다. 영어의 리듬, 억양의 변화 등에 유의하면서 영어 문자를 소리로 인식한다.
>
> <u>의미와 친해지기</u> 영어의 의미를 생각하는 훈련이다. 각 단계별 방법에 반복적으로 활용하는 동안 문장 속에 쓰인 단어와 구문 등이 점차 익숙해진다.

듣기 훈련이 어느 정도 숙달되면 어느 순간부터는 자신에게 필요한 방법들을 골라 재편성할 수 있다. 자신에게 맞는 듣기 훈련법을

내가 기획하는 '영어연수 in Korea'

선택한다는 것은 그만큼 듣기의 고수가 됐다는 뜻이다.

 리스닝 소재 대사냥 - 우리에겐 너무나 훌륭한 영어 선생님

"댁의 아이는 요즘 누구한테 영어 배워요?"
"앤더슨 쿠퍼 씨요."

텔레비전 광고에서 본 이 얘기. 실제 상황이 아니라 광고일 뿐이지만, 이제 우리나라도 국내에서 영어를 공부하는 방향으로 생각이 바뀌어가는구나 싶었다. 앤더슨 쿠퍼는 CNN 방송에서 〈360°〉를 진행하는 유명 앵커이다. 그 사람을 자기 아이의 영어 선생님으로 써먹는다는 건 엄마들에겐 놀라운 발상이 아닐까?

우리 주위를 살펴보면 너무도 훌륭한 영어 선생님들이 많다. BBC나 CNN 뉴스 앵커, 각종 드라마나 영화 속 주인공들, 그리고 인터넷 영어 교육 사이트와 영어 오디오 CD의 원어민 성우들. 이 선생님들을 만나기 위해 굳이 스땡땡 라이프를 달거나 케이블 방송을 신청할 필요는 없다. 우리에겐 인터넷이 있으니까. 물론 영화는 비디오나 DVD 타이틀을 빌려 봐야 하지만 말이다.

내가 생각하는 가장 사랑스러운 영어 선생님은 멋들어진 성우의 목소리와 실감나는 효과음으로 녹음된 명작 테이프와 어린이용 디즈니 애니메이션이다. 명료한 발음과 정확한 문장, 교훈적인 대본 등 배울 것이 무척 많다.

어쨌든 우리의 듣기 훈련을 책임지겠다고 나선 사람은 없지만, 우리가 찾기만 하면 순순히 목소리를 내어줄 선생님은 세상에 너무도 많다. 그 선생님들을 소개한다.

| 소재1 | 난이도별 듣기 시리즈 Graded Readers, 페이퍼백 오디오 CD

책을 좋아하는 사람, 원어민의 생생한 일상 영어를 접하고 싶은 사람, 리스닝을 처음 시작하는데 어디서부터 손을 대야 할지 모르는 사람이라면 소위 '페이퍼백(paperback 중간 이하 품질의 종이를 사용해 저렴하게 판매되는 책의 형태)'에 딸린 오디오 CD나 테이프로 눈을 돌려보자.

그간 페이퍼백의 오디오 CD나 오디오북을 리스닝 연습교재로 삼는 사람은 많지 않았지만, 그 활용 가치는 뉴스나 영화보다 단연 높다고 할 수 있다. 사실 뉴스에서 배우는 표현과 앵커의 억양을 일상생활에서 쓸 일은 별로 없다. 다루는 내용이 시사적이라 흥미를 유지하기 힘들뿐더러, 말하는 속도마저 빨라 리스닝 초보들에겐 여간 부담스러운 게 아니다.

영화는 흥미도도 높고 어떤 표현의 정확한 쓰임새를 영화 속 장면과 함께 섬세하게 기억할 수 있다는 장점이 있지만, 영화의 주제나 출연 배우에 따라 표현이나 발음, 속도 등이 천차만별이라 역시 초

내가 기획하는 '영어연수 in Korea'

보에게 만만치 않다.

이에 비해 페이퍼백은 대다수 영어학습자들이 원하는 바를 여러모로 충족시킨다. 우선 아주 쉬운 단계부터 어려운 단계까지 난이도가 다양해서 자신의 실력에 맞는 책을 고를 수 있다. 잘 짜여진 글을 전문적인 성우가 읽기 때문에 귀에 잘 들린다. 만만하게 들을 수 있는 것부터 시작해 한 단계씩 밟아 나가면 좋다.

내용 난이도를 1에서 8로 잡고 낭독 속도를 쉬운 것은 분당 100단어, 어려운 것은 200으로 잡아 시중 원서들의 총 난이도를 평가해보자.

Oxford Reading Tree의 stage 2에 해당하는 책들은 난이도가 1, 낭독 속도가 분당 100단어다. stage 7까지 가면 난이도는 여전히 1이지만 낭독 속도는 분당 135단어다. 〈Harry Potter〉시리즈는 난이도 7, 낭독 속도 분당 150~160단어, 〈The Da Vinci Code〉는 최고 난이도 8에 낭독 속도는 해리포터와 비슷하다.

또 자기계발서 중 〈Tuesday with Morrie〉나 〈Don't Sweat the Small Stuff〉는 내용 난이도가 6으로 낮은 편이지만, 낭독속도는 분당 180~190단어이다. 아동용 동화 시리즈는 난이도가 낮은 편이고 일반 소설은 내용 난이도가 대체로 중상인 반면 속도는 분당 150~160단어 정도이다. 우화 성격의 가벼운 자기계발서나 경영서는 내용 난이도가 중하인 반면 낭독 속도는 분당 190단어로 빠른 편이다.

리스닝에 자신이 없는 사람은 텍스트를 먼저 읽고 내용을 이해한 후에 들어보는 것이 좋다. 혹은 텍스트를 '들으면서 읽는 방법' 부터 시작하면 거부감이 훨씬 줄어든다.

　수능이나 토익 등을 목적으로 하는 경우, 페이퍼백 오디오 CD로 분당 160 단어를 이해하는 수준까지 실력을 다져두면 실전 공략에 큰 도움이 된다.

　그러나 각종 오디오 북을 구입하기 전에 미리 내용을 들어 볼 수 있는 방법이 많지 않아 무엇을 고르면 좋을지 망설여지기 쉽다. 이럴 땐 iTunes 홈페이지에 있는 iTunes Store로 가서 audiobooks 메뉴를 클릭해 낭독 음원을 미리 들어보자. 검색 기능을 이용해 작품의 타이틀을 바로 검색할 수도 있다. 또 인터넷 사이트 www.audible.com의 Browse Audio 메뉴에 가면 듣고자 하는 작품을 검색해 sample 듣기를 할 수 있으므로, 구입 전에 반드시 들어 보도록 하자.

　시중에서 구할 수 있는 도서 중 호평받은 것들을 정리해 소개한다. 문장의 구조와 사용된 어휘를 근거로 내용 난이도를 1에서 최고 8로 잡고, WPM(words per minute 낭독 속도)을 분당 80~100정도의 느린 것부터 최고 170까지 구분하였다. 참고로 뉴스의 평균 WPM은 200이 넘는다.

### Frog and Toad Audio Collection 내용난이도 1.2 / 105wpm

　개구리와 두꺼비의 아름다운 우정 이야기로 훈훈한 정감이 넘친다. 오디오 콜렉션 중에서도 Level 2의 〈Frog and Toad are Friends〉와 〈Frog and Toad Together〉가 가장 많이 읽히고 있다. 저자가 직접 낭독하는 데다 봄의 풍경과 여러 가지 상황을 연상시키

내가 기획하는 '영어연수 in Korea'

는 흥겨운 음악이 있어서 더욱 감동적이다. 책을 따로 펼쳐보지 않고 청소나 설거지를 하면서도 즐길 수 있을 만큼 부담 없는 난이도이다.

### Magic Tree House Collection Books 1~8 내용난이도 2.5 / 125wpm

숲에서 트리 하우스를 발견한 잭과 여동생 애니가 신기한 모험을 펼치는 내용. 현재 36권까지 나와 있지만 국내에서 구할 수 있는 것은 28권까지이며, 4권으로 하나의 이야기가 완결된다. 역시 저자가 직접 낭독하며, 속도가 빠르지 않고 발음도 깨끗해 초보자도 듣기 편하다. 잭과 애니가 실제로 대화하고 있는 듯 극적인 느낌이 살아 있어, 일단 듣기 시작하면 계속 듣게 되는 경우가 많다.

### The Death of Karen Silkwood 내용난이도 2.6 / 110wpm

미국 오클라호마 주에서 있었던 실화를 모티브로 한 추리소설. 사고로 파손된 자동차 안에서 사체로 발견된 카렌 실크우드와 그녀가 전달하기로 되어 있던 봉투의 행방을 찾아 그녀의 과거를 되짚어가는 이야기다. 비교적 지문이 많아 드라마틱하지는 않지만, 여성 내레이터의 깔끔한 목소리가 듣기 편안하고 쉽게 질리지 않는다.

### Jojo's Story 내용난이도 2.6 / 115wpm

마을 사람들이 모두 죽고 홀로 남겨진 열 살 소년 조조가 가족을 그리워하며 홀로서기를 하는 과정을 다룬 작품. 소년 조조의 시점 I로 전개되는 이야기로 톤 자체는 어둡지만, 감정 이입이 쉬운 내용이라 귀에 잘 들어온다. 영국식 영어.

### Fantastic Mr. Fox and Other Animal Stories 내용난이도 3 / 155wpm

세 명의 심술궂은 농장 주인과 재간둥이 도둑 여우의 스릴 넘치는 추격전. 모두 4개의 작품이 수록되어 있다. 각기 다른 남성 내레이터들이 자연스러운 속도로 들려주는 이야기들 중 The Enormous Crocodile은 가장 감성이 풍부하고 재미있는 작품. 영어도 간단하고 쉬워서 특히 아이들에게 추천할 만하다. 음악과 함께 생생한 효과음이 삽입돼 있어서 감정이입이 쉽고, 리듬감도 즐길 수 있다. 영국식 영어.

### Three Tales of My Father's Dragon 내용난이도 3.0~4.0 / 155wpm

미국 교사들이 뽑은 동화책 100선에 드는 작품. 소년이 고양이와 함께 용을 구출하러 떠나는 이야기가 3부작으로 구성돼 있다. 남성 내레이터가 다소 느린 속도로 읽어 주는데, 갖가지 동물의 대사가 듣는 재미를 더한다.

### Chemical Secret 내용난이도 3.2 / 95wpm

인기 작가 Tim Vicary의 작품. 생물학자 존 던컨은 아이들을 돌보기 위해 뭐든 하겠다는 일념으로 새 직업을 갖지만, 너무나 유혹적인 그 일자리의 조건 뒤에는 음험한 의도가 숨어 있다. 그가 아이들에게 돈으로 사줄 미래는 과연 무엇일지…. 저음의 굵은 남성 목소리가 들을 만하다. 영국식 영어.

내가 기획하는 '영어연수 in Korea'

### Stories of Courage 내용난이도 3.2 / 125wpm

용기가 사람을 얼마나 강하게 만드는지 다시 한번 일깨워 주는 여덟 가지 실화. 귀여운 목소리의 여성 내레이터가 한 단어 한 단어를 또박또박 읽어가는 느낌을 준다. 스토리 하나하나가 알차게 정리되어 있어 듣고 이해하기 쉽다.

### Goldfinger 내용난이도 3.7 / 150wpm

제임스 본드가 악당 골드핑거를 만나 팽팽한 대결을 펼치는 내용으로 007 시리즈 중에서도 수작으로 꼽힌다. 긴장감 넘치는 스토리여서 쉽게 빠져들 수 있다. 영국인 남자 내레이터의 낭독 속도는 다소 빠른 편인데 일상적인 대화 속도에 가깝다고 할 수 있다.

### Little House in the Big Woods 내용난이도 4.5~5.5 / 155wpm

북미 깊은 산 속에 사는 한 가족이 자연과 공존하며 살아가는 이야기가 아이의 눈을 통해 전개된다. 여성 내레이터가 차분한 톤으로 들려주기 때문에 내용 난이도만큼 어렵게 느껴지진 않는다. 개척기 미국의 시대상을 엿볼 수 있는 작품이기도 하다.

### Don't Sweat the Small Stuff 내용난이도 5.4 / 170wpm

작은 일에 스트레스 받지 말고 느긋하게 살라는 자기계발서. 우리나라에는 〈사소한 것에 목숨 걸지 마라〉는 제목으로 번역되어 있다. 저자가 직접 설득력 있는 어투로 낭독하고 있는 점이 매력적이다. 쉬우면서도 마음에 와 닿는 말들이 듣는 내내 고개를 끄덕이게 한다.

### The Lion, the Witch and the Wardrobe 내용난이도 6 / 155wpm

나니아연대기 시리즈의 두 번째 작품으로, 내레이터 마이클 요크의 목소리가 귀에 착착 감기는 맛이 있다. 이미 영화나 번역서를 통해 내용을 알고 있다고 해도 재미있게 즐길 수 있다.

### Harry Potter and the Sorcerer's Stone 내용난이도 8 / 160wpm

우리가 익히 아는 〈해리포터〉 시리즈 전 7권 중 제 1권으로 미국판과 영국판 두 가지가 있으니 미리 샘플로 확인하고 구입하는 것이 좋다. 미국판을 낭독한 짐 데일은 음색에 변화를 주어가며 속도감 있게 읽어나간다. 스티븐 프라이가 읽은 영국판을 선호하는 독자가 좀더 많은 듯하지만, 미국판이든 영국판이든 공통적으로 영국식 악센트를 들을 수 있다. 속도가 다소 빠른 편이긴 하지만 판타스틱한 스토리를 즐기고 싶다면 한번쯤 도전해 볼 만하다.

## 어른도 즐길 수 있는 어린이 영어 교육 프로그램

요즘 아이들 중에는 해외 연수를 다녀온 적도 없고 원어민에게 따로 발음 교정을 받은 적도 없는데 유독 영어를 잘하는 경우가 있다. 이 아이들의 공통점은 어릴 때부터 자연스럽게 영어 소리에 노출되어 왔다는 것. 그 일등공신이 바로 어린이 영어 교육 프로그램이다. 영어 듣기의 기본기가 부족한 성인이라면 차라리 어린이용 프로그램으로 시작하는 편이 현명하다.

어린이들의 흥미를 끌 수 있도록 재미있게 구성되어 있기 때문에 부담 없이 시청할 수 있고, 반복해서 보다보면 점점 귀에 익숙해지는 문장들이 늘어난다. 유아 영어 교육 관련 쇼핑몰이나 인터넷 카페를 검색하면 보다 다양한 교재 정보를 얻을 수 있다.

Sesame Street 새서미 스트리트 미국에서 1969년부터 방영된 장수 프로그램. 어니와 바트, 커미트 등 사랑스러운 인형 캐릭터들을 보다 보면 영어를 외국어로 차별(?)하지 않고 자연스럽게 즐기게 된다. 숫자와 알파벳을 노래와 율동으로 배우는 쉬운 코너가 많아서 왕초보들에게는 안성맞춤이다.

Blue's Clues 블루스 클루스 파라마운트사에서 제작한 어린이 교육 프로그램. 2001년에는 미국 내 가장 훌륭한 어린이 프로그램에 시상하는 '피바디 상 Peabody Award'를 수상하기도 했다. 수수께끼를 푸는 형식에다 수학, 과학, 미술, 음악 등 다양한 소재가 녹아 있어 보는 재미가 쏠쏠하다. 즐겁게 보다 보면 간단한 회화 정도는 쉽게 배울 수 있다.

Wee Sing Series 위씽 시리즈 Price Stern and Sloan에서 제작한 어린이 교육용 비디오. Wee Sing and Play, Wee Sing Dinosaurs, Wee Sing for Christmas 등 다양하고 재미난 비디오가 시리즈로 나와 있다. 역시 재미있으면서도 영어의 기본기를 닦는 데 좋다.

|소재2| 영어 뉴스

　뉴스를 가지고 난이도를 매기는 것은 의미가 없다. 우선 사람마다 느끼는 난이도가 제각각인데다, 어느 한 방송만 말이 특별히 느리거나 빠르지는 않기 때문이다. 실상 발음 이상으로 청취를 힘들게 하는 것은 뉴스의 배경 지식이다.

　미국의 국내 방송사(ABC, NBC, CBS, PBS, FOX)의 뉴스 캐스터들은 정통 미국 발음을 구사하지만, 아무리 발음이 안정적이라고 해도 미국 내 이슈에 관한 배경 지식 없이 들으면 이해하는 데 무리가 있다. 그나마 CNN의 경우 지역별 헤드라인 뉴스에는 해당 지역 출신 뉴스 캐스터를 기용하기 때문에 지역 특유의 악센트가 묻어나기는 하지만, 전 세계로 방송되는 채널이어서 그다지 전문적 배경지식을 요하지는 않는다.

　뉴스 중에서 난이도가 낮은 것을 굳이 꼽는다면 분당 100단어로 속도가 조율된 VOA special English News를 들 수 있다. 미국 관점의 뉴스여서 우리에겐 흥미가 떨어지는 내용도 더러 있다. 이에 비해 Arirang TV를 비롯해 국내 방송사에서 만드는 영어 뉴스는 우리가 일상에서 익숙하게 접하는 뉴스의 영어 버전이어서 속도가 빠르더라도 더 쉽게 느껴질 수 있다.

　뉴스 캐스터의 악센트나 발음, 음색을 가지고 좋다거나 나쁘다고 말하는 것은 편견이다. 현실을 생각하면, 누가 들려주는 뉴스든 알아듣는 것이 중요하기 때문이다. 어차피 리스닝 실력이 궤도에 오르면 어느 나라 악센트건 알아듣게 되어 있다. 우리가 영어권 국가에서 나고 자라지 않은 이상 '한국식' 영어 악센트를 지우기란 거의

불가능하다고 생각하는 편이 좋다.

　　진정한 영어뉴스의 보고는 텔레비전이 아니라 인터넷이다. 미국과 영국의 대형 방송국들이 오디오 혹은 비디오 뉴스를 자체 웹사이트에서 방송하고 있고, 이미 상당 수의 사람들이 이런 자료들을 영어 학습에 활용하고 있다.

　　최근에는 Podcast를 통한 뉴스 청취를 이용하는 사람들도 비약적으로 늘어나고 있다. Podcast는 음성 데이터 및 영상데이터가 자동 전송되는 시스템으로, PC와 인터넷 환경이 구비되어 있다면 누구나 이용할 수 있다. Apple사가 무상으로 제공하고 있는 iTunes라는 소프트웨어를 다운받아 설치하면 훨씬 다양하고 전문화된 방송을 들을 수 있다. 심지어 유명 클럽의 스탠드업 코미디를 방송하는 채널도 있으니, 입맛에 맞게 골라보자.

　　뉴스 영어는 수준 높은 어휘력이나 시사 지식을 필요로 한다는 점에서 어렵다고 느낄 수 있다. 하지만 배경지식이 머릿속에 있다면 다소 어휘력이 떨어지더라도 간간히 들리는 고유명사를 단서로 해 전체 내용을 이해할 수 있을 것이다.

　　일단 영어 뉴스 듣기에 흥미가 붙으면 자신의 관심 이슈를 하나하나 집중적으로 추적해 보는 것도 좋다(동시통역사들이 즐겨 사용하는 방법). 이렇게 '확실히 꿰고 있는' 이슈가 늘어날수록 영어 실력은 몰라보게 향상된다.

　　컴퓨터와 인터넷만 있으면 누구나 공짜로 들을 수 있는 인터넷 뉴스 사이트를 총망라해 소개해 볼까 한다.

### KBS World TV & Radio

Website_ http://world.kbs.co.kr/english
http://world.kbs.co.kr/english/radio/
http://world.kbs.co.kr/english/economynit/

KBS World TV와 KBS WORLD Radio는 일본, 중국, 미국 등으로 한국 드라마, 음악 프로그램, 최근 산업 정보, 시사 정보 등을 송출하는 KBS의 해외 채널. 홈페이지에서도 다양한 뉴스를 서비스하고 있다. 라디오 페이지의 인터넷 라디오(오른쪽 박스)에서 Latest News를 클릭하면 그날그날의 최신 뉴스를 들을 수 있다. 일일이 스크립트가 제공되진 않지만 당일 뉴스라면 첫 화면에서 관련 기사를 바로 찾아볼 수 있다.

Today's Program은 Korea, Today & Tomorrow / Kpop Interactive / Seoul Calling / Seoul Report로 하위 메뉴가 나뉘어 있다. 오디오와 함께 'more'를 클릭하면 스크립트를 확인할 수 있다. 관심 있는 코너가 있다면 Listen Again에서 해당 코너를 찾아 지난 방송을 들을 수도 있다.

스포츠팬이라면 http://world.kbs.co.kr/english에서 'Sports Round-Up'을 한번 들어보자. 국내 스포츠 뉴스를 원어민 캐스터의 목소리로 전하는데, 까다로운 스포츠 뉴스와 친해질 계기가 될 수 있다(스크립트 제공). 상단 메뉴 중 'Business'로 들어가서 Business Watch, Made in Korea, News Today, Tech Trends의 각 기사 타이틀을 클릭해도 국내 뉴스가 스크립트와 함께 제공된다. 한국인과 외국인이 고루 섞여 있는 캐스터들은 모두 발음이 정확하고 깨끗한 편이다.

내가 기획하는 '영어연수 in Korea'

### VOA Special English

Website_ http://www.voanews.com/specialenglish/index.cfm
Weekly TV Feed_ http://www.voanews.com/wm/voa/english/spec/spec1230vb.asx

1억 명 이상이 듣고 있는 미국 국영방송. 웹사이트 상의 기사 타이틀을 클릭하면 스크립트와 함께 세 가지 방식의 듣기 메뉴가 뜬다. 인터넷 상에서 바로 들을 수도 있고 mp3를 다운받아 들을 수도 있다. 속도는 뉴스의 평균 속도보다 느린 편. 시사 관련 어휘력을 요하는 뉴스도 있다. 'Weekly TV Feed'를 선택하면 주 1회 올라오는 비디오 뉴스를 스크립트와 함께 볼 수 있어서 뉴스 영어 초보자에게 추천할 만하다.

### CNN Student News

Website_ http://www.cnn.com/EDUCATION
Podcast_ http://www.cnn.com/services/podcasting

CNN이 학생들을 대상으로 방송하는 10분 짜리 뉴스 프로그램. 'WATCH'에 있는 링크를 클릭하면 뉴스를 볼 수 있고 'Quick Guide and Transcript'를 선택하면 스크립트를 볼 수 있다. CNN Headline News에 비해 확실히 속도가 느려서 역시 뉴스 영어를 처음 시작하는 사람에게 적합하다. 프로그램 중간 중간에 나오는 퀴즈들은 뉴스 이해를 돕기 위한 장치인데, 기초 시사상식을 얻기에 퍽 유용하다.

### BBC Learning English News English

Website_ http://www.bbc.co.uk/worldservice/learningenglish/newsenglish

영국의 공영방송 BBC에서 영어를 모국어로 하지 않는 사람들을 대상으로 제작하는 오디오 뉴스이다. 비 모국어인 대상이라고 해서 특별히 느린 건 아니다. 뉴스의 속도감에 익숙지 않은 사람에게는 어렵게 느껴질 수 있지만 모든 뉴스의 길이가 1분 내외로 간추려져 있고 다른 방송과 달리 스크립트에 중요 어구가 친절하게 설명되어 있어 좋다. 2001년 이후의 뉴스 자료가 모두 공개되어 있으므로 자신에게 맞는 뉴스를 골라 들어 보자.

### BBC World News

Website_ http://www.news.bbc.co.uk/1/hi/world/default.stm
Podcast_ http://www.news.bbc.co.uk/1/hi/programmes/4977678.stm

영국의 공영방송 BBC가 국외용으로 송출하는 국제 뉴스. 인터넷에서는 'VIDEO AND AUDIO NEWS' 메뉴를 통해 비디오, 오디오 뉴스(스크립트 제공)가, Podcast에서는 'World News Bulletin' 메뉴를 통해 오디오만 방송된다. 말이 빠른 캐스터도 있긴 하지만, 대체로 천천히 말하는 편이고 뉴스 내용도 요점 위주로 정리하는 느낌이어서 듣기 편하다. 자신의 입맛에 맞는 프로그램을 하나 찾아서 지속적으로 듣는 습관을 들이자.

내가 기획하는 '영어연수 in Korea'

### NBC Nightly News

Website_ http://www.msnbc.msn.com/id/3032619
Podcast_ http://www.msnbc.msn.com/id/132577/

NBC의 저녁 뉴스로 인터넷과 Podcast에서는 약 20분으로 편집된 영상을 볼 수 있다. 앵커 브라이언 윌리엄스의 특징은 말의 빠르기가 항상 일정 속도를 유지한다는 것. 그래서 들을 때 안정감을 주고, 알아듣기도 쉬운 편에 속한다. NBC 저녁 뉴스는 2007년 후반 이후 같은 시간대 뉴스 프로그램 중 시청률이 가장 높다.

### ABC World News

Website_ http://www.abcnews.go.com/WNT/
Podcast_ http://www.abcnews.go.com/Technology/Podcasting/

ABC가 인터넷으로 방영하고 있는 저녁 뉴스에서는 각 뉴스의 토픽에 관해 2분 정도의 영상밖에 볼 수 없지만 Podcast에서는 17분 길이로 볼 수 있다. 차분한 목소리의 앵커 찰스 깁슨은 뉴스를 읽는 속도가 절제되어 있어 듣기 편한 느낌이다.

### CBS Evening News

Website_ http://www.cbsnews.com/sections/eveningnews/main3420.shtml
Podcast_ http://www.cbsnews.com/stories/2005/07/06/utility/main706903.shtml

CBS의 간판 뉴스 프로그램. 케이티 쿠릭을 첫 여성 단독 앵커로 전격 기용해 주목을 끌었지만, 시청률에선 애초의 예상과 달리 부진을 면치 못하고 있다. 케이티 쿠릭의 목소리는 맑은 음색이라기보단 허스키 쪽에 가깝고 다소 빠른 어투여서 초보가 듣기엔 만만치 않다. 인터넷 사이트와 Podcast에 'Katie Couric's Notebook'이라는 방송 후기가 스크립트와 함께 제공되므로 한번 들어보자.

### PBS News Hour

Website_ http://www.pbs.org/newshour/
Podcast_ http://www.pbs.org/newshour/rss/media/

PBS의 간판 뉴스 프로그램으로 진행자 짐 레러가 하나의 이슈를 놓고 대담자들과 토론하는 방식이다. 인터넷 사이트에 제공되는 스크립트는 일부이고 대부분 오디오 파일만 올라와 있다. Podcast도 현재는 오디오뿐이다. 짐 레러는 늘 평이한 수준의 영어를 구사하며, 참석 대담자나 토론 주제에 따라 난이도가 달라진다. 뉴스처럼 다듬어진 대본을 읽는 것이 아니기 때문에 웬만한 중급자라도 맥락을 잡기가 쉽지 않다. 하나의 문장 속에 삽입구나 절이 수시로 끼어들고 토론자들의 대화가 뒤엉키기도 한다. 하지만 이슈를 심층적으로 다뤄가는 방식은 대담 프로 중 최고라 꼽힐 만하며, 깔끔하게 정돈된 뉴스 영어보다 실질적인 언어 습관을 배우는 데 유리하다.

### CNN Headline News

Website_ http://www.cnn.com/
Podcast_ http://www.cnn.com/services/podcasting/

내가 기획하는 '영어연수 in Korea'

뉴스 전문 채널 CNN은 속보성 최신 뉴스(헤드라인 뉴스)를 중심으로 심층 대담, 비즈니스, 경제, 환경, 스포츠, 문화, 여행, 과학, 의학 등 각 분야별 매거진 뉴스를 정규 편성하고 있다. 두세 시간 간격으로 업데이트되는 헤드라인 뉴스의 경우 속도감은 있지만, 내용을 이해하는 것이 그다지 어렵진 않다. 스크립트가 있는 http://transcripts.cnn.com/TRANSCRIPTS부터 시작하면 좋다.

### White House News

Website_ http://www.whitehouse.gov/news/

미국 대통령의 발언이 스크립트와 함께 제공된다. 현 대통령 부시는 말주변 없기로 소문난 리더이지만, 대부분 '준비된' 내용이므로 그다지 염려하진 않아도 된다. 단, 몇 페이지에 걸친 스피치를 끝까지 듣는 것은 상당한 인내력을 요한다. 스크립트를 먼저 보고 짧은 것을 골라 듣는 것은 어떨까.

### 10 Downing Street

Website_ http://www.number-10.gov.uk/output/Page308.asp

10 Downing Street는 영국 총리의 관저가 있는 주소로 '총리실'로 통한다. 토니 블레어 전 총리를 비롯해 현 총리의 스피치 영상이 스크립트와 함께 제공된다.

듣기 초보라면 VOA Special English, KBS World TV/Radio, CNN Student News를 추천한다. 중급이라면 ABC, NBC, CBS, CNN, BBC 등에서 골라 듣고 고급자라면 일반적인 뉴스에서 한 걸음 나아가 PBS 짐 레러에 도전해 보자.

뉴스 영어는 기본적으로 구어체 영어, 즉 spoken English다. 눈이 아니라 귀로 의미 전달을 해야 하므로 신문 기사처럼 문장이 길지도, 구조가 복잡하지도 않다.

뉴스의 기본적인 전개 방식은 〈앵커의 토픽 소개(일명 lead 리드)〉 → 〈취재기자의 현장 리포트(일명 body 바디)〉 → 〈캐스터의 마무리〉로 이루어져 있다. '바디'를 담당하는 현장 기자는 일련의 fact를 나열하는데, fact마다 인터뷰나 자료화면을 넣음으로써 fact를 뒷받침한다. 이 정형화된 패턴을 알고 있으면 대강의 뉴스 흐름을 예상할 수 있다.

뉴스 초반에 잘 이해되지 않는 멘트가 나오더라도 당황할 필요 없다. 바디 부분에서 어차피 자세한 이야기가 나올 것이며, 앵커의 마무리 멘트로 다시 정리될 것이기 때문이다.

뉴스를 들을 때는 무조건 열심히 듣는 것 보다는 자신의 강점과 약점을 파악하는 것이 중요하다. 문장 구조가 복잡해질 때 못 알아듣는지, 모르는 단어가 나올 때 못 알아듣는지, 집중력이 약한 것은 아닌지, 뉴스에 관심이 없거나 배경 지식이 얕은 것은 아닌지 따져보는 것이다. 듣기 연습의 방향이 자신의 약점을 보완하는 쪽으로 흘러가도록 의식적인 노력을 해야 한다. 잘 안 들리는 부분은 스크립트를 통해 확인한 후 다시 들으면서 소리를 기억하는 과정을 거치자.

내가 기획하는 '영어연수 in Korea'

　뉴스 받아쓰기를 할 때는 반드시 문장 단위로 끊어서 들어야 한다. 단어나 어절 단위로 듣는 것은 거의 훈련 효과가 없다. 문장 단위로 듣고 받아써야 이해력이 동반되고, 좀 애매하게 들리는 부분이 있더라도 문장 전체를 통해 유추해 낼 수 있는 것이다. 처음부터 완벽하게 문장을 통째로 듣겠다는 건 지나친 욕심이다. 중간 중간 여백이 생기더라도 5~10번 정도만 듣고 한 문장을 마친 후에 다음 문장으로 넘어간다.

　뉴스 받아쓰기를 마친 후에 반드시 해야 할 일이 하나 있다. 그 기사를 독해하는 것이다. 설령 모든 단어들의 발음이 귀에 또렷이 들린다 해도 그 의미를 모른다면, 그건 '들어도 듣는 게 아니다'. 모르는 단어들은 사전을 통해 의미를 파악하고 문장 구조가 어려운 부분은 문법책을 참고하며 뉴스의 내용을 충분히 이해하도록 하자.

## 영어 기사는 issue by issue로 공략하자

　뉴스를 읽을 때 중요한 것이 배경 지식과 그 이슈에 공통적으로 등장하는 어휘군을 구축하는 것이다. 이렇게 하면 읽기도 쉬울뿐더러 전개 내용이 대강 예측된다. 하나의 이슈를 설정해 배경지식을 우리말로라도 찾아 읽어두자. 그리고 그 이슈에 대해 나온 영문 기사를 가능하면 보도된 순서로 모아서 읽거나 듣는다. 내용도 철저히 분석한다. 이런 식으로 하나의 이슈에 대한 지식을 어느 정도 쌓은 후에야 다음 이슈로 옮겨간다. 이렇게 하면 그룹 토론이나 시사 주제로 글을 쓸 때 매우 탄탄하고 설득력 있는 논지를 펼 수 있다.

　영어 잡지나 신문을 정기구독해도 좋지만, 웬만한 전문가가 아니면 제때 제때 읽어 내지 못하는 경우가 많다. 당장 정기구독부터 신청하기 보다는 우선 해당 매체의 인터넷 홈페이지에서 기사를 접하자. 날짜가 지난 기사를 열람하는 경우 유료인 매체도 있지만, 기본적으로 최신 기사는 회원 가입만 해도 다 볼 수 있다. BBC, Washington Post, New York Times, LA Times, CNN, International Herald Tribune, People 등 영어 신문이나 잡지, 방송국 인터넷 홈페이지를 즐겨찾기에 등록해 놓고 매일 정해진 시각에, 정해진 시간 안에 기사 하나를 뽑아 읽는 습관을 들이는 것도 좋다.

1. 먼저 소리를 내어 읽어 본다. 기자가 취재한 내용을 독자들에게 전달하듯 또박또박 명료한 발음으로, 감정을 실어서 읽는다.
2. 이번에는 눈으로 읽으며 어떤 내용인지 대강 짐작해 본다. 도입부와 본론, 그리고 결말까지 각각 3문단으로 나누어 영어로 요약해 보는 것도 좋다. 모르는 단어가 나와도 문맥 속에서 의미를 파악하는 버릇을 기른다.
3. 마지막으로 영 파악이 되지 않는 단어들과 표현을 영영사전에서 찾아 궁금증을 해소한다.
4. 그 기사 내용을 통해 알 수 있는 배경지식을 영어로 정리해 둔다. 기사 본문에 이미 나와 있는 어휘를 재활용하면 되니까 크게 부담 느낄 필요는 없다.

내가 기획하는 '영어연수 in Korea'

|소재3| 영화·TV 드라마 시리즈

한번쯤 시도해 본 사람은 알겠지만, 영화와 TV 드라마는 리스닝 교재로 삼기엔 다소 거칠다. 등장 인물에 따라 발음, 억양, 방언, 관용구, 빠르기가 제각각이기 때문이다.

그럼에도 불구하고 TV 드라마나 영화가 가진 미덕은 우리를 둘러싼 현실처럼 '리얼'하다는 것이다. 텔레비전 속 아나운서처럼, 성우처럼 말하는 사람이 우리 주위에 몇이나 될까? 영화나 TV 드라마는 이야기가 '대화'의 방식으로 전개되기 때문에 일상 대화 수준의 회화 실력을 키우는 데는 안성맞춤이다.

### 듣기 훈련에 좋은 영화 후보작

**Charlie and the Chocolate Factory** 찰리와 초콜릿 공장 등장 인물들의 말이 다른 영화에 비해 느린 편이다. 조니 뎁의 목소리 연기가 듣기에 까다로운 편이지만, 일단 캐릭터에 적응되면 들을 만하다.

**Notting Hill** 노팅 힐 영국식 악센트가 강해서 듣기 어려울 수 있지만, 다양한 영어 발음에 노출된다는 의미에서 꼭 한번 볼 만한 영화.

**You've Got Mail** 유브 갓 메일 톰 행크스의 발음이 듣기 힘들다는 사람도 있지만, 우리가 실생활에서 접할 영어 원어민이 모두 성우나 아나운서가 아니라는 점을 기억한다면 이런 발음도 당연히 들어봐야 한다.

**The Shawshank Redemption** 쇼생크탈출 모건 프리먼의 독특하면서도 구수한 목소리를 좋아하는 팬이라면 이 작품에서 잔잔하게 들려오는 그의 발음이 편안하게 들릴지도 모른다. 팀 로빈스의 대사도 깔끔하고 분명하게 들리는 편이다.

**디즈니 애니메이션** 〈The Lion King 라이온 킹〉, 〈The Snow White 백설공주〉, 〈Pinocchio 피노키오〉 등

### 영화 활용하기

처음 볼 때는 한글 자막으로 두 번째는 영어자막으로, 세 번째는 자막 없이 보되 사람에 따라 두 번째 세 번째 단계를 한 번 더 반복할 수도 있다. 두 번째 단계에서 영어자막을 따라가기가 숨 가쁘다면, 스크립트를 미리 읽어두자.

아무리 집중을 해도 잘 들리지 않는 부분이 있다면 해당 스크립트를

보면서 다시 돌려보는 방법이 있다. 이왕이면 자신의 취향에 맞는 영화를 선택하자. 영어 공부를 한답시고 지칠 때까지 밀어붙이는 것보다는 마음에 드는 장면을 골라 충분히 듣고 이해하는 것이 좋다. 때로는 배우의 대사를 '성대모사' 해보는 기지도 필요하다. 흥미를 잃지 않고 공부하는 것이 중요하기 때문이다.

영화로 영어공부를 하고자 한다면 자막을 없앨 수도, 띄울 수도 있는 DVD가 최상이다. 그러나 영어 자막이 없는 작품도 있으니 구입할 때 패키지에서 꼼꼼히 확인하도록 하자. 소장하고 싶을 정도로 마음에 드는 작품이 없다면, 우선 대여점에서 빌려 본 다음 구매를 결정해도 늦지 않다.

**미드, 영드 활용하기**

전 세계 여성들의 눈과 귀를 사로잡아버린 석호필(극중 마이클 스코필드의 한국식 애칭) 탈옥 어드벤처 〈Prison Break〉, CTU(미국의 대 테러 진압부대) 소속 잭 바우어와 테러 집단이 벌이는 흥미진진한 스토리 〈24〉, 마이애미, 뉴욕, 라스베가스 구역별 명탐정들이 벌이는 호쾌한 범죄 수사극 〈CSI〉, 시즌이 모두 끝난 지금까지도 많은 사람들이 다시 보는 〈Friends〉 등, 세상은 넓고 볼 드라마는 널렸다.

속칭 미드(미국 드라마), 영드(영국 드라마)로 불리며 TV뿐만 아니라 인터넷으로도 쉽게 접할 수 있는 보석 같은 드라마들. 재미도 재미지만 원어민들이 쏟아내는 생생한 영어를 그냥 묻어두기에는 너무 아깝지 않은가? 이제 미드와 영드를 120% 활용해 재미도 느끼

고 영어 실력도 높여 보자.

**왕초보를 위한 활용법**

드라마 보는 재미에 푹 빠지는 것을 최우선 목표로 한다. 한국 드라마와는 다른 이야기 구조, 등장인물들의 개성과 패션, 문화적인 신선함 등을 그냥 눈으로 보고 귀로 들으며 즐기는 것이다. 한글 자막도 그냥 부담 없이 본다. 처음부터 다 들어버리겠다고 용을 쓰다보면 영어는 영어대로 늘지 않고 드라마 보는 재미마저 확 떨어질 수 있다.

시즌별 드라마가 대부분인데, 시즌 1 정도는 그냥 한글 자막을 보며 극의 흐름을 이해하고 재미를 느끼는 데 치중한다. 그러다 보면 등장인물들의 대화 중에서도 유독 자주 쓰는 말이 귀에 들어올 것이다. "Trust me"(프리즌 브레이크), "Put the gun down"(24) 등 짧고 쉬운 문장들이다. 이 정도라도 영어 듣기에 재미를 붙인다면 절반은 성공한 셈이다.

**초급자를 위한 활용법**

1_ 미드, 영드 보기에 어느 정도 재미가 붙었다면 가장 즐겨 보고 싶은 드라마 하나를 고른다. 그 중 한 회분만 가지고 영어 듣기 훈련을 시도하는 것이다. 하지만 초급자가 드라마 한 회분을 통째로 듣고 이해하겠다는 건 애초부터 무리다.

2_ 30초에서 1분 정도 분량의 대화를 받아쓰기해 본다. 영어 뉴스 받아쓰기 할 때처럼 하나의 문장 단위로 끊어, 얼추 들릴 때까지

반복해서 듣는다.

3_ 받아쓰기를 한 다음에는 미리 구한 대본을 보며 잘못 받아쓴 부분을 표시한다.

4_ 반드시 해석을 해 볼 것. 대화 내용을 완전히 이해하는 게 중요하다.

5_ 받아쓰기 했던 부분 다시 듣기. 대본을 보지 않고 듣는 연습을 한다. 배우의 입모양을 보고 소리를 들으며 머릿속으로는 해당 문장을 떠올린다. 이런 식으로 매회 분량마다 한 장면 받아쓰기를 한다.

6_ 한 장면 받아쓰기와 내용 이해하기가 익숙해지면, 다음 단계로 한 회분에서 30초~1분 분량의 받아쓰기를 몇 장면 더 뽑는다. 한 장면에서 연속적으로 길게 받아쓰기 하는 것보다는 짧은 분량으로 여러 장면 하는 게 낫다. 이런 식으로 받아쓰는 분량을 서서히 늘려간다.

7_ 받아쓰기하는 시간은 1시간을 넘지 않도록 한다. 너무 오랜 시간을 할애하다 보면 지치기 때문이다. 지쳐서 아예 포기하는 우를 범하지 않도록 한다.

**중급자를 위한 활용법**

1_ 한글 자막을 보지 않고 한 회 분량을 통틀어 보는 연습을 한다. 역시 미리 영어 대본을 구해둔다. 한글 자막 없이 영어 드라마를 보면서 40% 이상 이해할 수 있다면 중급에 해당한다.

2_ 드라마를 보는 도중 잘 들리지 않거나 이해가 되지 않는 부분을

골라 받아쓰기해 본다.

3_ 초급자와 마찬가지로 받아쓰기했던 부분을 영어 대본과 비교해 잘못된 부분을 표시한 다음, 독해를 한다. 대화의 내용을 완전히 이해하는 것이 역시 중요하다.

4_ 다시 드라마를 보며 받아쓰기 했던 부분을 입으로 따라해 본다. 대본을 보지 않고 따라하되, 그 말을 하는 인물의 표정이나 몸짓, 억양을 최대한 흉내 낸다. 흉내내기는 영어 습득에 큰 도움이 된다.

## 미드, 이거 어때?

**Girmore Girls** 길모어 걸스 엄마와 딸이 서로 질세라 속사포처럼 말을 퍼부어대며 신랄한 냉소도 난무한다. 우리나라의 유명한 드라마 작가를 연상시킬 정도로 모든 등장인물들이 말이 많은 편이지만, 국내에서 접할 수 있는 미드 시리즈치고는 우리의 생활과 가장 밀착된 얘기들이 오간다. 생활 회화에 당장이라도 쓸 수 있는 표현들이 많다.

**Friends** 프렌즈 시즌이 모두 끝났지만 여전히 인기가 식지 않는 알콩달콩 청춘 시트콤. 여자 주인공들의 말은 빠른 편이지만 남자주인공들은 그다지 빠른 편이 아니다. 몇 번을 봐도 질리지 않아 반복해서 볼 수 있다. 웃음의 포인트가 되는 pun(말장난)이 절묘하다.

**Sex and the city** 섹스 앤 더 시티 다소 발칙한 표현과 대화가 나오기도 하지만, 캐리의 내레이션은 한번쯤 새길 만한 주옥 같은 문장으로 가득하다. 미드 중에서는 이해하기 쉬운 편에 속한다.

**Desperate Housewives** 위기의 주부들 아마도 미드 중에서 위기의 주부들만큼 세련된 화법과 현란한 수사로 가득 찬 내레이션은 없을 것이다. 우리말로 번역해 놓은 것도 이해하려면 숨이 차지만, 그 맛이란 대단하다. 고난도 내레이션에 비하면 등장인물들의 대사는 평범하다.

**The O.C** 디 오씨 캘리포니아 해변에 사는 상류층 가족들의 사랑과 갈등이 적당한 진지함과 적당한 웃음으로 버무려져 있다. 일단 주인공들이 할리우드에서 가장 잘나가는 신세대 배우들이다. 여성팬들에게 가장 큰 사랑을 받는 인물은 곱상한 외모에 소년 같은 순수함을 발산하는 아담 브로디. 등장 인물 중 가장 빠르고, 복잡미묘한 말발을 자랑한다. 고등학생들의 성장기에 공감하며 볼 만하다.

**Ally McBeal** 앨리 맥빌 엽기적이면서 귀여운 주인공인 변호사 앨리와 주변 사람들 사이에서 벌어지는 일과 사랑 이야기. 여러 가지 극적 장치가 보는 재미를 더하지만, 가장 큰 매력은 재판에서 벌어지는 능수능란하고 감동적인 변론들이다. 앨리를 비롯한 변호사들이 판사와 배심원을 설득하기 위해 동원하는 화술과 논리의 흡인력이 대단하다.

**범죄수사물** 24(대테러부대 요원 잭 바우어의 모험수사극), Prison Break, CSI

**SF물** Small Ville(스몰빌, 수퍼맨의 어린 시절을 재조명한 SF 시리즈)

**병원물** Grey's Anatomy(그레이 아나토미)

내가 기획하는 '영어연수 in Korea'

## Part 3
### 영어 읽기 집중 코스

읽기는 아무리 강조해도 지나치지 않다. 단어나 어휘의 사전적 의미가 아니라 문장 전체, 글 전체를 통해 영어식 문장을 자주 접해야만 더 빨리 영어를 습득할 수 있기 때문이다. 많이 읽는 사람은 미국이나 영국에서 유학하는 것 이상의 효과도 얻을 수 있다.

읽기는 다른 언어 능력에 영향을 미친다. 많이 읽을수록 듣기와 쓰기, 말하기 실력까지 좋아지는 것이다. 영문 주간지를 cover-to-cover 방식(통째로 읽어나가는 방식)으로 1년 이상 읽은 사람이 있었다. 그는 영어 듣기에 그다지 노력을 기울이는 편이 아니었다. 그런데 어느날 굉장히 복잡하고 긴 문어체 잡지 기사 음원을 듣고 무리 없이 이해하는 것이었다. 하루에 서너 시간 이상씩, 1년 이상 읽기에 집중한 덕분이었다. 여기서 주목할 점은 그가 리스닝 훈련을 따로 하지 않았는데도 읽은 것과 동일한 종류의 글을 듣는 능력이 생겼다는 것이다.

다독의 장점은 이것만이 아니다. 직접 느껴보기 전에는 와닿지 않는 '영어감각'이 생긴다. 이 '감'은 문법 실력보다 한수 위다. 문법의 잣대를 들이대기도 전에 문장에 이상이 있다는 걸 알아채고, 영어식 문장들을 자연스럽게 구사하게 만드는 '감'. 꾸준한 읽기를 통해 영어의 감을 따보자.

 읽기의 네 가지 원칙

| 원칙1 | 읽는 순서대로 이해한다

영어로 된 글을 읽으면서 자기도 모르게 한국어의 형태로 이해하고 있지는 않은지 생각해 보자. 의외로 많은 사람들이 이런 과정을 겪는다. 이 과정에서 우리말로 좀체 옮겨지지 않는다거나 문법적인 부분에서 막히면 그걸 고민하느라 머리를 싸매고 시간을 보낸다.

하지만 영어 읽기는 번역과 차원이 다르다. 눈에 보이는 영어 텍스트를 우리말의 문장 구조로 바꾸지 않고, 영어 어순대로 의미를 꿰는 것이다. 우리말 문장이 아니라 영어 자체의 추상적인 '의미 이미지'로 받아들이는 훈련이 필요하다.

| 원칙2 | 모르는 부분에서 사전을 찾지 않는다

모르는 단어가 나오면 일단 그냥 지나치자. 앞뒤 문장의 흐름, 특히 바로 뒷문장에 힌트가 들어 있는 경우가 많다. 가령 우리말로 된 어려운 글을 읽는다고 치자. 보다 보면 모르는 단어도 눈에 띄지만, 문맥으로 충분히 유추할 수 있어서 굳이 사전을 찾아봐야 할 필요를 느끼지 않는다. 영어 읽기도 결국은 그렇게 되어야 한다.

문맥으로 추측해 봐도 안 될 경우에만 사전을 찾아보되, 사전을 펴는 횟수가 읽기에 집중하는 것을 방해할 정도로 잦다면 자신의 수준에 맞는 책이 아니다. 더 쉬운 책을 집어들어야 한다.

단, 어떤 책이든 첫 열 페이지 정도는 모르는 단어를 찾아봐도 좋다. 초반의 내용을 확실히 파악해야 그 이후로도 흐름을

쫓아갈 수 있기 때문이다.

| 원칙3 | 만만한 읽을거리부터 시작한다

자신이 충분히 이해할 수 있는 얇은 책부터 섭렵해 나간다. 완전 초보라면 듣기와 마찬가지로 그림동화책부터 시작할 수도 있다. 첫 책은 50단어짜리, 두 번째 책은 60단어짜리, 세 번째 책은 70단어짜리… 성인용 페이퍼백에 이르기까지 점점 단계를 높여나가면 된다. 가벼운 마음으로 쉬운 책부터 많이 읽다 보면 자주 쓰이는 단어와 영어식 문장구조, 더 나아가 하나의 글이 완성되는 흐름이 자연스럽게 머릿속에 남는다. 이것이 탄탄한 기초가 되어 점점 난이도가 높은 문장이나 글도 이해할 수 있게 되는 것이다.

| 원칙4 | 즐겁지 않다면 언제든 쉬어간다

영어에 관한 한 많은 사람들이 놀라운 인내력을 보여준다. 영어에 재미를 느끼지 못하는 게 자신의 실력 탓이라 여기고 감내한다. 하지만 정말 영어 실력이 형편없는, 그야말로 '바닥'이라고 해도 무슨 멍에라도 짊어진 듯 고행의 길을 가야 할 의무는 없다.

모두가 영자신문을 읽는다고 나도 덩달아 읽을 필요는 없다. 영자신문은 꼭 필요한 사람(영자 신문 기자 지망생, 영자 신문을 통해 특정 정보를 얻어야 하는 사람, 영자 신문을 좋아하는 사람 등)이나 읽으면 된다.

우리는 재미난 것을 읽자. 머리를 쥐어뜯지 않고, 눈을 반짝이며 읽을 수 있는 것을 읽자. 당연한 얘기지만 누가 쓴 글이냐에 따라, 또는 어떤 장르의 글이냐에 따라 자신에게 맞기도 하고 맞지 않을 수도 있다. 중요한 것은 영어 텍스트를 읽어야겠다는, 아니 읽고 싶다는 의욕이다. 의욕 없이 하는 일이 즐거울 리가 있겠는가. 영어 읽기를 즐겁게 지속할 만한 방법을 찾되, 영어와의 만남이 즐겁지 않다면 언제든 쉬어 갈 마음을 갖도록 하자.

## 오늘은 영어소설 읽는 날!

아무 생각 없이 하루 종일, 일주일 내내, 혹은 한 달 내내 소설만 읽는다는 건 이 시대 성인들의 로망이다. 하루동안의 월차, 일주일 간의 휴가, 혹은 주말 내내 영어 소설을 읽으며 지내 보자. 하루에 1시간씩 찔끔찔끔 읽는 것보다 훨씬 집중력이 좋아진다.

1. **집에서** : 아침 먹고 소설 읽고 점심 먹고 소설 읽고 간식 먹고 소설 읽고. 그리고 저녁 때는 맛있는 음식을 만들어 먹은 후 또 소설 읽다가 잠들기. 생각만으로도 즐거운 일이다.

2. **휴가지에서** : 영어 소설을 읽는 즐거움은 여름날의 팥빙수처럼 시원달콤하고 겨울날의 온천욕처럼 나른하다. 바닷가 파라솔 그늘 아래에서, 호텔 수영장 벤치 위에서, 숙소의 푹신한 소파 위에서 영어 소설을 읽으며 시간 보내기. 업무나 리포트는 일단 잊고 아무 생각 없이 소설만 읽기. 아무에게도 방해 받지 않으며 휴가도 즐기고 영어도 늘고 일석이조다.

3. **기차 안에서** : 서너 시간 이상 걸리는 여행길에 이보다 더 한가로운 독서 타임은 없다. 부디 입맛에 당기지도 않는 딱딱한 시사 경제 잡지는 집에 던져두고 가자. 평소 자기가 재미있다고 느껴지는 소설을 골라 가져갈 것. 혼자 떠나는 여행이라면 금상첨화다.

　　대부분의 페이퍼백 소설들은 활자가 작기 때문에 흔들리는 기차 안에서 읽다 보면 눈이 쉽게 피로해진다. 눈이 나빠지는 게 겁난다면 핸드폰 알람을 50분에 한 번씩 울리도록 맞춘 후, 매 50분 마다 창 밖 풍경을 바라보도록 하자. 책을 읽다 풍경 감상도 하다 가끔 졸리면 잠을 자도 좋다. 책을 읽는다는 것은 곧 마음의 여유를 부린다는 것과 같다.

## 술술 읽히는 영어책 Graded Readers 활용하기

자, 읽는 재미도 만끽하면서 독서량도 늘려보고 싶다면 이제부터 소개할 책들을 눈여겨보자. 영어 실력 제로에서 일등까지 누구나 재미있게 읽을 수 있는 텍스트, 바로 Graded Readers라 불리는 책들이다.

Graded Readers란 영어를 외국어로 배우는 사람들의 언어 능력을 향상시키기 위한 목적으로 쓰여진 책들이다. 제인 오스틴의 〈Pride & Prejudice 오만과 편견〉이나 마크 트웨인의 〈The Adventure of Tom Sawyer 톰 소여의 모험〉처럼 우리에게 잘 알려진 명작들을 독자가 쉽게 이해할 수 있도록 개작한 것인데, 같은 작품이라도 레벨에 따라 어휘나 문장 구조가 다르다. 읽는 사람의 다양한 수준을 고려해서 만들었기 때문이다. 독자들은 쉬운 수준부터 시작해 점차 단계를 높여 최종적으로는 원본 읽는 것을 목표로 할 수 있다.

이왕 영어를 습득하겠다고 나선 바에야 이렇게 친절한 책들을 한 번쯤 거들떠보자. 단 이 책들을 읽을 때 주의해야 할 점 한 가지. 사전 없이도 읽을 수 있는, 쉬운 단계의 책들을 충분히 읽고 소화하라는 것이다. 급하게 단계를 올리다 보면 기초를 다지기 힘들다.

현재 시중 서점에서 볼 수 있는 Graded Readers 류의 책들을 간략히 소개한다. 고전 명작, 과학 서적, 역사 서적, 분야별 교과서 등 다양한 장르의 작품들을 입맛대로 골라 읽어보자.

내가 기획하는 '영어연수 in Korea'

## Oxford Bookworms <sub>Oxford University Press</sub>

Oxford Bookworms에는 픽션 시리즈 Library, 논픽션 시리즈 Factfiles, 희곡 시리즈 Play Scripts 등이 있다. 이 중에서 라인업이 가장 충실한 픽션 시리즈는 입문자용 Starter부터 고급자용 Stage 6까지 약 190권이 나와 있다. 중세풍의 어두운 분위기의 표지가 특징이다. Stage 1 이하는 명작을 축약본으로 재구성한 작품들이다. 특히 Tim Vicary 등 인기 작가가 역사적 사실을 기초로 재구성한 True Story 류의 작품은 성인 독자에게 인기를 얻고 있다. 책과 함께 세트로 판매하는 낭독 음원을 듣기 자료로 활용하면 좋다.

> **베스트 스테디셀러 3**
> 1위 The Elephant Man
> 2위 Sherlock Holmes Short Stories
> 3위 The Phantom of the Opera

## Cambridge English Readers <sub>Cambridge University Press</sub>

Cambridge English Readers는 성인 독자에게 권할 만하다. 전 작품이 원작을 다시 쓴 것들로, 축약본은 아니지만 대체로 문장이 짧고 쉽게 쓰여져서 레벨에 비해 체감 난이도가 낮은 편이다. 3단계로 올라가면 일부 작품에 Adult Content라고 표시돼 있는데, 미성년자가 보면 안 될 정도로 수위가 높은 건 아니다. 입문자용 Starter에서 Level 6까지 총 7단계에 걸쳐 다소 적은 64권이 나와 있고, 전 작품에 낭독 음원이 첨부되어 있다. 자신의 취향에 맞는 작가의 작품을 매 단계마다 찾아 읽는 것도 좋은 방법이다.

> **베스트 스테디셀러 3**
> 1위 Jojo's Story
> 2위 The Double Bass Mystery
> 3위 Help!

## Macmillan Readers <sup>Macmillan</sup>

Macmillan Readers는 최근 전면 개정을 하면서 기존 다섯 단계에 Pre-intermediate단계(1,400단어)를 추가했다. 레벨 간의 간극이 보다 완만해진 것이다. 낭독 음원을 상당수 교재에 첨부했으며, 레드와 블랙 톤으로 표지를 새단장했다. Starter(300단어)에서 Upper Intermediate(2,200단어)까지 총 6단계에 걸쳐 약 150권이 나와 있고, 장르는 고전명작에서 모험물, 범죄수사물, 연애물, 영화 화제작까지 다채롭다. Macmillan Readers의 특징은 문장의 길이가 대체로 짧다는 것. 그래서 단계가 올라가도 여전히 수월하게 읽힌다.

> **베스트 스테디셀러 3**
> 1위 The Adventures of Tom Sawyer
> 2위 A Christmas Carol
> 3위 A Kiss Before Dying

## Penguin Readers <sup>Pearson Longman</sup>

라인업 규모로는 세계 최대를 자랑하는 Penguin Readers. 입문자용 Easy Starts(800~1,000단어)에서 고급자용 Stage 6(22,000~24,000단어)까지 300권 이상으로 구성돼 있다. 낭독 음원이 부록으로 포함돼 있다. 고전이나 영화를 원작으로 하는 축약본, 최근 인기 소설의 축약본 등 다양한 작품들을 골라 읽을 수 있다.

## Scholastic ELT Readers <sup>Scholastic UK, Mary Glasgow</sup>

Starter Level(300단어), Level 2(860~1,935단어), Level 3(1,500단어), Level 4(9,500~20,300단어)까지 4단계 약 30권으로 구성되어

내가 기획하는 '영어연수 in Korea'

있다. 80%의 작품에 오디오 CD가 첨부되어 있으며, 〈Superman Returns〉, 〈Smallville〉, 〈X-Men〉, 〈Batman〉 등 TV 시리즈나 영화물이 많은 것이 특징이다. 원작을 영화나 TV로 보지 않았더라도 가볍게 즐길 수 있는 수준이다.

## Foundations Reading Library <sub>Thomson ELT</sub>

7단계 42권(300~2,500단어) 구성으로, 해변의 작은 마을에 사는 학생들이 주인공으로 등장한다. 낭독 음원이 포함돼 있다.

## 각 시리즈 속에 숨은 주옥같은 작품들

〈Angela's Ashes <sub>Scholastic ELT Readers / Level 3</sub>〉 Frank McCourt가 1930년대 아일랜드에서 보낸 유년기를 그린 회상록. 원작의 10분의 1 길이이지만 인생에 대한 희망을 전하는 메시지와 감동은 줄지 않는다. 극도로 가난한 생활과 차례로 덮치는 불행 속에서도 웃음을 잃지 않는 내용이 담담한 문체로 전개된다.

〈Love Actually <sub>Penguin Readers / Level 4</sub>〉 남녀의 연애상이 잘 드러나 있어서 영화보다 책으로 읽는 걸 더 좋아하는 사람들이 많다. 등장인물이 꽤 많으므로 영화를 먼저 보고 나서 읽어 보길 권한다. 가능하면 오디오 음원도 같이 구입해 듣자.

〈The Magic Barber <sub>Macmillan Readers / Level 1</sub>〉 마을 주민 모두가 검정 모자를 쓰는 어느 한적한 마을에 한 이발사가 당나귀를 타고 나타나면서 벌어지는 소동이 900 단어 안에 아주 유쾌하게 그려져 있다. 우스

꽝스런 삽화도 재미를 더하는 요소.

〈Rabbit-proof Fence Oxford Bookworms / Stage 3〉 영화 〈맨발의 1500마일〉을 책으로 엮은 것으로, 호주 원주민의 박해 역사를 엿볼 수 있는 귀한 작품이다. 1910년부터 70년대까지 호주에서는 '원주민 동화정책'이라는 명목 하에 10만명에 이르는 혼혈 원주민 아이들을 가족과 떼어놓았다. 그 아이들 중 한 명인 몰리가 동생들과 함께 수용소를 탈출해 2,400km를 걸어 집으로 돌아온 실화를 바탕으로 하고 있다.

〈Ned Kelly Oxford Bookworms / Stage 1〉 영화로도 잘 알려진 호주판 홍길동이야기. 호주에서 소수 민족으로 차별을 받던 네드 켈리가 경찰의 횡포와 부정을 본 후 의적으로 변신, 훔친 돈을 가난한 사람들에게 되돌려주는 내용이다. 사회 비판적 성격이 있지만 오락성도 충분하다.

〈Billy Elliot Penguin Readers / Level 3〉 영화화돼 더욱 유명해진 〈Billy Elliot〉 축약본. 내용은 픽션이지만 영국의 계급 격차와 1984년 영국의 탄광촌 노동운동이라는 사실에 근거하고 있다. 보수적인 아버지가 발레하는 아들의 든든한 후원자로 변해가는 모습이 감동적이다.

〈River God Macmillan Readers / Level 5〉 기원전 1780년 경, 힉소스족의 이집트 침공을 배경으로 파라오의 흥망성쇠가 파란만장하게 펼쳐진다. 권력과 암투, 그리고 그 속에서 드러나는 인간의 사랑과 음모, 탐욕과 배신, 생생한 전투장면이 처음부터 끝까지 책에서 손을 뗄 수 없

내가 기획하는 '영어연수 in Korea'

게 만든다.

〈**The Lahti File** Cambridge English Readers / Level 3〉 핀란드의 소도시 라티 인근에서 발생한 사건을 조사하기 위해 영국에서 온 첩보원 먼로의 수사 파일. 차례로 사라지는 정보제공자, 그의 뒤를 미행하는 수수께끼 집단, 계속해서 난관에 봉착하는 수사 등이 스릴 넘치게 전개된다. 유명 첩보소설 작가 Richard Macandrew의 작품.

〈**The Secret Garden** Oxford Bookworms / Level 3〉 시간이 흘러도 진가가 바래지 않는 고전 명작 〈비밀의 화원〉. '역시 명작'이라는 감동을 새롭게 느낄 수 있다.

〈**The Princess Diaries 시리즈** Macmillan Readers / Level 3-4〉 뉴욕의 고등학생 미아의 이야기. 소녀 시절 한번쯤 꿈꾸는 소설 같은 일이 벌어진다. 지극히 동화적인 설정이지만, 의외로 재밌게 읽힌다.

## 읽어보자, 영어소설

〈**Skeleton Crew**〉 스티븐 킹 지음 : 〈미저리〉, 〈쇼생크 탈출〉, 〈샤이닝〉, 〈캐리〉 등 공포와 추리소설의 대가 스티븐 킹의 단편소설집. 살인을 부르는 우유배달부, 자신의 몸을 식량으로 삼은 남자 등 괴기스럽고 섬뜩한 이야기들이 담겨 있다. 여전히 인기가 좋은 그의 예전 장편들을 먼저 섭렵한 후 단편집에 도전해보는 것도 좋다.

〈**Tell me your dream**〉 시드니 셸던 지음 : 어릴 적 아버지의 성적 학대로 인해 다중인격장애를 가진 애슐리가 다가오는 남자들마다 아버지로 착각하고 죽이는 이야기. 긴장감 넘치는 심리스릴러 물이다.

〈**The Doomsday Conspiracy**〉 시드니 셸던 지음 : 최후의 날에 대한 음모, 과연 어떤 음모가 도사리고 있을까? 미국 NSA 요원이 아내를 잃고 음모에 휘말리면서 역경을 극복해가는 이야기.

〈**Angels and Demons**〉 댄 브라운 지음 : CERN(유럽입자물리학 연구소)에서 개발한 반물질(Antimatter 핵물질과는 비교할 수도 없는 엄청난 에너지를 갖고 있음) 도난, 개발자 베트라 박사 피살, 고대 조직 일루미나티의 부활 등 엄청난 사건 속에 휘말린 로버트 랭든의 모험담. 영화 한 편을 보는 것처럼 숨막히는 전개가 탁월하다.

〈**Deception Point**〉 댄 브라운 지음 : 천체물리학, 해양생물학, 각종 최첨단 과학, 그리고 세기의 정치 음모가 난무하는 지적 스릴러.

〈**As the Crow Flies**〉 제프리 아처 지음 : 영국 작가 아처의 대표작. 야심에 가득찬 유태계 여자와 일자무식이지만 착한 남자의 이야기.

〈**Jack Reacher 시리즈**〉 리 차일드 지음 : 읽는 내내 긴장감을 늦출 수 없는 스릴러. 다소 잔인한 장면들도 있지만 호러 영화 느낌을 좋아하는 독자라면 읽어 볼 만하다.

〈**Harry Potter 시리즈**〉 J.K. 롤링 : 어린이만 읽으라고 나온 책이 아니다. 어른들도 충분히 재미있게 읽을만한 스토리, 그리고 그다지 어렵지 않은 단어들 덕분에 마음만 먹으면 쉽게 읽을 수 있다.

내가 기획하는 '영어연수 in Korea'

말하기에 관한 한 최대의 적은 괜한 자존심이다. 틀린 영어를 입 밖에 내선 안 된다는 강박관념 때문에 좀처럼 입이 떨어지지 않는다. 하지만 말이란 입을 다물고 있으면 절대 늘지 않는다. 체면을 중시하는 선비 같은 자세는 잠시 접어 두고 말하는 걸 즐겨보자.

 영어 말하기를 위한 워밍업

| 워밍업1 | 구강 구조 넓히기

영어의 모음은 한국의 모음보다 훨씬 구강을 넓게 사용한다. 그래서 입 속을 크게 활용하는 연습을 하면 발음이 좋아지는 데 도움이 된다. 입을 크게 벌려 '아, 에, 이, 오, 우'를 발음해 본다. 입 속을 최대한 넓게 만들면서 영어 모음도를 보며 어느 위치에서 어떤 모음이 발음되는지 확인한다.

| 워밍업2 | 혀 부드럽게 풀어주기

한국인에겐 참 어려운 발음 [r]과 [l]. 이 두 가지 발음을 잘 하려면 혀를 많이 움직여야 하는데, 한국말에는 그런 움직임의 결과로 발음되는 자음이 없기 때문이다. 고로 유연한 [r]과 [l] 발음을 위해서는 혀 자체를 단련시키는 원초적 방법이 도움이 된다. 권장할 만한 방법으

로는 혀를 둥그렇게 만 후 숨을 내뱉으며 '호르르르르' 하고 호르라기 소리를 내는 것이다. 이 연습을 자주 하면 혀가 유연해진다.

나홀로 말하기 코스

|코스1| 영어 글 소리 내어 읽기

영어 초보자들 대부분은 영어 단어들을 조합해 문장을 완성하는 일이 어렵게만 느껴진다. 무턱대고 영어로 말하려다보면 '무슨 말'을 '어떻게' 해야 할지 몰라 막막한 기분이 든다. 이럴 땐 영어 책을 소리 내어 읽는 방법이 최고. 각자의 흥미와 수준에 따라 영어로 된 동화책, 단편소설, 장편대중소설, 신문 기사, 방송 기사 등을 소리 내어 읽어 본다. 의미를 이해하며 감정을 실어, 큰 목소리로 읽도록 한다.

리스닝에서 소개한 싱크로 리딩과 섀도잉을 통해 소리 데이터를 몸에 익숙하게 만드는 방법도 좋다. 처음에는 소리 자체의 느낌을 즐기고 그 다음에 의미를 이해해보자. (듣기 훈련 방법 참고)

|코스2| 하루에 단 몇 문장이라도 영어로 말해 보기

가랑비에 옷 젖는 줄 모른다는 말이 있다. 조금씩 조금씩 더해지는 양이 그만큼 무섭다는 얘기다. 영어로 말하기는 하루도 빼먹지 않고 하는 게 좋다. 영어 듣기는 최소한 30분 이상 시간을 잡아야 하지만, 말하기에는 집중하는 데 필요한 시간이 그다지 길지 않으므로 하루 10분 정도라도 상관없다.

내가 기획하는 '영어연수 in Korea'

영어 문장을 완성할 실력이 안 된다면 그냥 짧은 동사나 형용사 하나부터 시작하자. 예를 들어 오늘 날씨가 흐리고 하늘에 구름이 잔뜩 끼어 있다면 cloud라는 단어를 떠올리는 것이다. 이 단어로 시작해 It's a cloudy day today라는 문장이나 There's more cloud today than yesterday라는 문장으로 발전시킬 수 있다. 일단 단어를 떠올린 후 문장을 만들어 보되, 잘 되지 않거나 문법적으로 헷갈릴 때는 영영사전을 활용한다.

참고로 말하기와 읽기는 서로 밀접한 관계를 이룬다. 하루에 몇 마디라도 하다 보면 더 섬세한 '읽기'가 따라오고, 글을 섬세하게 읽다 보면 저절로 더 섬세한 '말하기'가 된다. 즉 input과 output이 서로 교차하며 발전하는 것이다.

| 코스3 | 사진·그림 묘사하기

한 장의 사진을 보고, 보이는 그대로를 짧은 문장으로 나누어 묘사하는 훈련은 스피킹 훈련법 중에서도 기본이다. 토익의 파트 1이 사진 묘사 문제로 구성된 것도 바로 이 때문이다.

사진이나 그림 묘사하기의 좋은 점은 혼자서도 할 수 있다는 것이다. 인터넷에서 쉽게 구할 수 있는 사진이나 그림, 또는 자신이 직접 찍은 사진들을 활용하면 된다. 처음에는 다양한 정답 문장들을 제시하는 토익 교재로 시작하는 것도 좋다.

한국인과 미국인의 묘사법 차이를 의식하면서 연습하면 원어민의 감각에 좀더 접근해갈 수 있다. 사실적인 묘사가 어느 정도 숙달되면 자신의 감상이나 생각도 덧붙여보자.

**사물이나 사람의 위치·배열 묘사** 한 줄로 늘어서 있는지(in a row), 옆으로 나란히 가고 있는지(side by side), 어디를 따라 죽 줄지어 있는지(lined along), 어디에 기대고 있는지(against), 쌓아 올려져 있는지(stacked up, piled up), 둘 사이에 끼여 있는지(between) 등 전치사를 이용해 묘사한다.

**동작은 현재 진행형, 상태는 단순현재(혹은 현재완료)** 마치 영화의 한 장면을 묘사하는 것처럼 동작은 현재 진행형을 사용한다. 상태를 묘사할 때는 기본적으로 단순 현재 시제를 사용하되, 방금 일어난 일이라는 느낌이 들면 현재완료로 묘사할 수도 있다.

**형용사와 부사로 실감나게** 가령 여러 사람이 모여 대화를 나누는 사진이라면 참석자들의 표정을 형용사나 부사를 써서 좀더 섬세하게 표현할 수 있다.

**인물에서 배경으로 이동하기** 우리는 주로 배경에서 인물로 옮겨오지만, 미국인은 가장 눈에 띄는 중심에서 주변으로 옮겨가는 경향이 있다. 인물에서 시작해 주변 풍경 순서로 묘사한다.

**숫자를 사용한다** 사람이나 사물의 구체적인 숫자를 언급하라. 숫자가 신경 쓰이면 적어도 some이라든가, a few, several, many 등으로 수의 많고 적음을 묘사한다. couple of(2), a few(2~3), some(3~4), several(5~6), many(9~) 등 다양한 숫자 표현을 활용해 보자.

| 코스4 | 상상 속의 나와 대화하기

돈 들여 영어 회화 학원에 다녀도 좋지만 학원에 다닐 형편이 안 된

내가 기획하는 '영어연수 in Korea'

다면? 혹은 학원에 가지 않는 시간에도 말하기 연습을 하고 싶다면? 상상력과 창의성을 발휘해 혼자 해보는 거다.

**거울 보며 말하기** 얘기란 들어주는 상대가 있어야 할 맛이 나는 법. 거울 속의 나에게 오늘 하루 있었던 일을 영어로 말해 본다. 거울 속의 나에게 영어책을 읽어줘도 좋고, 단어의 뜻풀이를 영어로 가르쳐도 좋다. 대상 없이 혼잣말하는 것보다는 훨씬 효과가 있다.

**상상 속의 역할극** 자신이 좋아하는 미드 속 주인공과 대화를 해 본다. 의학 드라마를 좋아한다면 〈Grey's Anatomy〉의 메러디스와 크리스티나의 동료가 되어 병실에서의 가상 토크 해 보기. 범죄 수사극을 좋아한다면 〈CSI〉의 호라시오 반장과 범인의 흔적에 대해 토론해 보기. 판타지가 섞인 휴먼 드라마를 좋아한다면 〈Kyle XY〉의 신비한 주인공에게 이것저것 곤란한 질문을 던져 보기. 〈Prison Break〉의 스코필드에게는 언제쯤 진짜 탈출에 성공할 것인지 물어 보기. 평소 영화나 드라마 속 영어 대사들을 외워두면 상상 역할극이 훨씬 재미있어진다.

**내 목소리 녹음해서 들어보기** 사람은 누구나 자기 목소리를 들을 수 있지만, 그 목소리와 발음이 정확히 어떤지까지는 자기 귀로 확인하지 못한다. 몸이라는 울림통을 통해 귀로 전달되기 때문이다. 녹음된 녹음기에서 흘러나오는 자신의 목소리야말로 가장 객관적인 말하기 평가 자료다.

영어 책이나 기사를 읽을 때 1분 정도 녹음해서 자신의 목소리를 들어본다. 개별 단어들의 발음도 중요하지만 연음이나 억양이 자연스러운지 확인해 볼 필요가 있다. 녹음하는 게 익숙해지면 자신의 목소리와 영어 글을 동시에 학습 자료로 활용할 수 있다. 자신의 목소리를 들으며 해당 글을 보거나, 아니면 아예 녹음된 목소리만 들으며 방금 읽었던 글을 떠올려보는 것이다. 그 글을 외울 때까지 들으면 더욱 좋다.

 여럿이 하는 말하기 코스

|코스1| 영어회화 학원 다니기

돈이 좀 들기는 하지만 영어회화 학원에 다니는 건 말하기에 분명 도움이 된다. 수업을 고를 때는 무조건 원어민 강사가 진행하는 것으로 고를 것. 원어민 강사와 직접 얼굴을 대면하고 생생한 영어를 접한다는 게 가장 큰 장점이고, 흐트러지기 쉬운 의지력을 '돈'과 '시간'으로 붙들 수 있다는 것도 빼놓을 수 없는 장점이다.

하지만 회화 학원에 다닌다고 해봐야 원어민 강사와 직접 대화를 나누는 시간은 몇 분 되지 않고 주로 다른 수강생들과 짝을 이루어 회화 연습하는 시간이 대부분이다. 고로 회화 학원 다니는 보람을 느끼려면 반드시 예습 복습을 해야 한다. 대개 미리 구입한 회화 교재와 그날의 인쇄물을 수업시간에 활용하는데, 교재를 펼쳐 다음날 배울 부분을 읽어 가는 예습과 그날의 인쇄물은 그날 반드시 복습하는 성실성이 필요하다.

"한국 사람들은 영어로 말할 때 주어나 대명사를 자주 빼먹더군요. 문장 구성 요소를 고려해 차근차근 자세하게 말하는 게 좋아요.

내가 기획하는 '영어연수 in Korea'

그리고 너무 어려운 단어를 구사하려 애쓰기보다는 기본적이고 쉬운 단어들로 자기 생각을 표현하는 연습이 필요하죠."

한국인을 대상으로 영어연수 프로그램을 진행했던 캐나다인 친구의 말이다. 그가 캐나다에 있을 때 그곳으로 연수를 간 한국 학생들의 수업 내용을 녹음한 테이프를 들은 적이 있다. 그야말로 기본적인 문법사항조차 입에 붙지 않은 대화가 90% 이상이었다. 이를테면 3인칭 주어가 나오는 동사에 s를 붙이지 않는다든지, 단수·복수를 전혀 무시하고 얘기한다든지 하는 것이다. 어순도 뒤죽박죽이었다. '준비되지 않은 해외 연수'를 간 학생들의 전형적인 모습이었다.

그 정도 수준의 수업은 한국에 있는 회화 학원에서도 충분히 할 수 있다. 그것도 훨씬 저렴한 비용에.

**영어 회화 학원 수강료 본전 뽑는 법**

1. 예습 복습 열심히 하기 그 날 배운 것은 반드시 그날 '입'으로 되새길 것. 교재를 미리미리 읽어 가는 것도 중요하다.
2. 함께 듣는 사람들과 스터디 그룹 만들기 예습은 혼자서도 가능하지만 복습은 여럿이 함께 해야 효과가 더 좋다. 수업이 끝난 후 1시간 정도 복습 시간을 갖는다. 수업 시간에 배웠던 표현을 일단 외우도록 하고, 그 표현을 응용해 새로운 문장을 만들어 보는 것까지 해야 한다.
3. 다음날 강사에게 할 질문들 미리 준비하기 질문을 주고받는 와중에 영어 회화 연습이 되며, 궁금증까지 해소할 수 있으니 일석이조다. 준비 없이는 영어 대화도 되지 않는다. 매일 누군가에게 던

질 질문을 준비하고 그것을 소재로 대화하다 보면 영어회화가 늘 수밖에 없다.

### |코스2| 스터디 그룹 활용하기

영어회화 학원 중에서도 원어민이 가르치는 강좌들은 언제나 인기 폭발이다. 대부분 원어민이 진행하는 수업만 열심히 들으면 언젠가는 '프리토킹'이 가능해질 거라고 생각하는 것 같다.

하지만 학원에서 원어민 강사와 일대일로 말을 주고받는 시간은 5분을 넘지 않는다. 영어로 말할 기회가 생각보다 적은 셈. 주로 한국 학생들끼리 대화를 주고받는 시간이 대부분을 차지한다.

그렇다면 한국 사람들끼리 영어 회화를 연습하기 위해 굳이 학원을 다닐 필요가 없다는 판단도 가능하다. 완전 초보인 경우에는 회화 학원에서 원어민의 도움을 받아 적절한 문장 패턴을 연습하는 과정이 필요하지만, 초보 단계를 조금이라도 벗어났다면 '영어로 생각하고 말할 기회'를 얼마나 많이 갖느냐가 훨씬 중요하다. 물론 가끔 원어민의 도움을 받아 자신의 영어를 점검할 수 있다면 금상첨화다.

대부분의 사람들은 대화 중 상대방이 저지르는 오류를 쉽게 발견한다. 그 기억 때문에 자신은 똑같은 실수를 피해가게 된다. 무엇보다 '영어로 생각하기'와 '영어로 말하기'를 할 수 있는 환경을 만들기 위해 스터디 그룹을 짜보자.

1_ **인터넷 동호회나 인맥을 활용해 인원 모집하기** 스터디 적정 인원은 4명 내외. 사람이 너무 많으면 영어로 말할 기회가 적어지고 분

내가 기획하는 '영어연수 in Korea'

위기도 산만해진다. 두 명만 모여도 영어 스터디는 가능하다.

2_ **모이는 장소 정하기** 집이나 직장에서 가까운 카페(물론 찻값이 저렴하고 오래 앉아 있어도 눈치 볼 필요 없는 곳이어야 한다)나 한적한 공원, 빈 강의실 어디든 대화가 가능한 곳이면 된다.

3_ **영어 학습 계획안을 짜기** 1주일에 한 번 모이고 4주마다 한 번씩 계획안을 짜면 부담이 없다. 너무 많은 규칙을 만들면 서로 피곤하니 조심할 것.

4_ **스터디 주제 예시 하나** 생활 영어 교재를 외워온 다음 각자 A와 B가 되어 대화해 보기.

5_ **스터디 주제 예시 둘** 가장 먼저 해야 할 공부는 '기본 동사 제대로 활용하기'다. do, take, get 같은 기본 동사들의 수십 가지 의미를 집중적으로 파고들어 보자. 한 사람이 동사 하나씩 맡아서 영어로 발표하고 나머지는 그 내용을 영어로 정리한다. 모르는 부분이 있으면 영어로 질문하고 대답한다. 더러 문법적으로 실수가 있다 하더라도 크게 문제될 게 없다. 사소한 실수보다는 얻는 게 훨씬 많으니까. 게다가 이런 공부는 혼자 하는 것보다는 여럿이 함께하는 게 기억 창고에 비교적 오래 저장된다. 영어 정보가 자기만의 시각이 아니라 다양한 경로를 통해 입력되었기 때문이다.

6_ **스터디 그룹의 백미 '영어 토론'** 한 가지 주제를 정하고 발표자가 영어로 발표를 한다(물론 미리 준비해야 한다). 나머지 사람들은 그 내용에 대해 여러 가지 질문을 던지고 발표자는 대답

을 한다. 서로의 의견을 영어로 토론해 보는 자리가 될 수 있도록 주제와 관련된 자료를 많이 읽어야 효과가 있다. 준비해오지 않으면 발표자는 발표자대로 흥이 안 나고, 구성원들끼리 더 이상 할 말이 없어진다.

7_ 그 밖에 팝송, 방송 기사, 신문 기사, 잡지 기사, 동화 등을 그 자리에서 함께 듣거나 읽고 받아쓰기한 후, 그 내용을 주제로 프리토킹을 한다. 팝송이라면 가사 속에서 잘 들리지 않는 연음 부분에 대해 서로 확인하고, 그 노래와 관련된 이야기(가수, OST, 작사가나 작곡가 등)를 부담 없이 나눠본다. 단, 가사에 내용의 흐름이 있고 욕설이 없는 팝송을 고르는 게 좋다. 신문 기사나 잡지 기사를 영어로 요약해서 발표하면 나머지 사람들이 받아쓰기하는 훈련도 해볼 만하다. 받아쓰기한 내용을 발표한 사람이 점검해주는 식으로 스터디를 맺는다.

내가 기획하는 '영어연수 in Korea'

## Part 5 영어 쓰기 집중 코스

읽기, 듣기, 말하기, 쓰기 중 가장 지속하기 힘든 것이 쓰기일 것이다. 충분한 input을 한 다음에야 쓸 수 있다고 생각해 좀처럼 써볼 엄두를 내지 못한다. 하지만 쓰기를 힘들어하는 것은 영어 원어민도 마찬가지다. 출발점이 다를 뿐 창조(번역이라고 해도)의 고통은 누구나 똑같기 때문이다.

일단 써라. 첫 단추를 어디에 꿸지 모른다고 해서 계속 단추를 들고만 있으면 영원히 꿸 기회가 찾아오지 않을 수도 있다. 영어 쓰기의 기본은 바로 이런 마음 자세이다.

'이 문장을 어떻게 영어로 표현하지?', '이게 문법적으로 맞나?' 하는 생각이 들겠지만 그래도 일단 써 보고 나서야 수정을 할 수도 있고 남에게 보여줄 수도 있다.

자신이 쓴 글이 차곡차곡 쌓이면 일주일이나 한 달 단위로 다시 읽어 보자. 아마 문법적 오류나 어색한 표현들이 금세 눈에 띌 것이다. 써 본 사람만이 가질 수 있는 '내공'이 키워졌기 때문이다.

쓰기는 반드시 영어 듣기와 읽기가 병행되어야만 실력이 좋아진다. 몇 번 읽거나 들은 문장은 어느 순간 자연스럽게 쓰게 되기 때문이다. 듣기와 읽기로 input한 영어 감각을 일단 쓰기에 활용하기 시작하면 이후 듣기와 읽기가 훨씬 효율적으로 향상된다. 쓰기를 연습하다 보면 평소 영어를 듣거나 읽을 때 어휘나 구문을 바라보는 눈이 날카로워지기 때문이다.

누군가가 첨삭지도를 해주지 않아도, 읽어보고 칭찬이나 조언으로 동기부여를 해주지 않아도, 혼자서 영어 글쓰기를 지속할 수 있는 몇 가지 방법을 소개한다.

 육하원칙 일기 쓰기

일기쓰기부터 시작하자. 일기는 창의적인 글이어서 진정한 글쓰기 연습에 좋고, 정해진 기준이라는 것이 없어서 완성도에 대한 부담도 없다. 만약 번역을 한다면 원문의 의미는 물론이고 뉘앙스, 어투까지 살려야 하지만 일기는 나를 위해 쓰는 글이니 마음 가는 대로 쓰면 그만이다.

육하원칙에 근거해 기본적인 사실 위주로 써보자.

우선 날짜를 적고 오늘 무엇을 어디서 어떻게 왜 했는지 적되, 가능하면 문장은 짧고 구조도 단순하게 쓰자. 자신의 감정을 나타내는 문장을 하나 넣거나 날씨 표현을 넣을 수도 있다.

문장 수는 다섯 줄 이내로 한다. 우리말 고유명사는 굳이 영어 대응어를 찾지 말고 우리말 그대로 적어도 상관없다. 또 굳이 쓰고 싶은 표현이 있는데 영어가 생각나지 않을 땐 임시변통으로 우리말로 적어놓고 나중에 마저 완성하도록 한다. 우리말로 적어놓은 표현은 잊지 말고 메모했다가 꼭 영어로 옮기도록 하자.

내가 기획하는 '영어연수 in Korea'

```
December 25, 2007 — 날짜를 쓴다

Today was Christmas. — 특별한 날이라면 이렇게 적어도 좋고, 날씨를 적어도 좋다.

I woke up at 8 o'clock. — 아침부터 있었던 일을 적고 있다.

I watched "Home Alone" again. — 그 이후에 있었던 일을 적고 있다.

This is third time. — 바로 앞 문장과 연결되는 내용. 간단한 이 한 마디 안에 주인공의 참으로 단조로운 크리스마스가 잘 드러나 있다.

Still, I loved the movie. — 영화에 대한 감상. 진심인지, 반어법인지는 일기의 주인만이 알겠지만.
```

오늘은 크리스마스.
8시에 일어났다.
"나홀로 집에"를 또 봤다.
이번이 세 번째다.
그런데도 여전히 재밌었다.

〈하루 다섯줄 일기쓰기-김지완, 김영욱 저〉에서 인용

이렇게 알고 있는 단어만으로 하루의 일을 간단히 적는 것이 익숙해지면 단 몇 단어만으로 자신의 감상을 표현하는 창의적인 문장을 만드는 여유도 생기게 된다. 이미 과거가 된 사실을 적기 때문에 일기에서 가장 많이 쓰는 시제는 과거형이라는 것을 알 수 있다. 그러나 너무 문법적인 규칙에 얽매여선 안 된다.

```
November 15, 2007

Somebody help me! — 아주 간단한 문장으로 질박한 심정을 잘 표현했다. 일기쓰기가 익숙해지면 알고 있는 단어와 표현으로 이렇게 창의적인 응용이 가능해진다.

I don't know what to do. — 글쓴이의 속마음이역시 간단한 문장 안에 녹아 있다.

I was looking at the phone all day. — 오늘 무엇을 했는지가 나타나 있다.

But I still couldn't call her. — 오늘 했던 일의 결과.
```

> **I think I'm too shy.** — 오늘 느낀 바.
>
> 나 어떡해!
> 도대체 어떻게 하면 좋을지 모르겠다.
> 하루 종일 전화만 쳐다보고 있었다.
> 그런데도 그녀에게 전화하지 못했다.
> 난 너무 숫기가 없다.
>
> 〈하루 다섯줄 일기쓰기-김지완, 김영욱 저〉에서 인용

꼭 이렇게만 쓰라는 법은 없다. '쓴다' 는 경험을 꾸준히 하는 게 중요하다.

육하원칙 일기쓰기 외에도 다음과 같은 다양한 방법을 시도해 볼 수 있다.

**자기만의 영어 일기장 만들기** 인터넷 홈피에 만들어도 좋고, 블로그를 만들어도 좋다. 아날로그적 향기가 좋은 사람은 예쁜 일기장을 사서 손으로 일기를 써보는 것도 좋은 방법.

**한 문장 일기 쓰기** 생전 처음으로 영어 일기를 써보자니 막막한 사람들. 처음엔 그저 메모처럼 단어나 형용사 중심으로 아주 간단하게 시작하는 것이다. 영어 일기 쓰기가 어느 정도 적응이 된 후에는 하루 일과뿐만 아니라 사람에 대한 이야기, 책을 읽고 나서 느낀 점 등 평소 관심 있는 분야로 주제를 넓힌다.

> **영어 일기 쓰기에 도움되는 인터넷 사이트**
> - www.hamo66.hihome.com 하명옥의 영어 일기
> - http://blog.naver.com/noonheek 문희의 만화 영어 일기
> - www.suksuk.co.kr 생활영어 Q&A 게시판에서 영작 첨삭 가능
> - www.littlefox.co.kr 사이트 내 영어자료실에서 영어를 잘하는 초, 중학생들의 영어 일기를 볼 수 있음.

내가 기획하는 '영어연수 in Korea'

**어린이용 영어 일기 교재 활용** 시중에 영어 일기 초보자들을 위한 '빈칸 채우기'식 영어 일기 교재가 많이 나와 있다. 빈칸 채우기를 하면서 어느 정도 문장 쓰는 요령이 생기면 그 후부터는 스스로 문장을 만들 수 있다. 처음부터 너무 복잡한 문장을 쓰려고 애쓰기보다는 쉽고 단순한 문장들로 시작해 점차 복잡한 문장으로 발전시킨다.

남의 글 다시 쓰기

이 방법은 소위 말하는 paraphrasing이다. 남의 글을 읽고 나서 전체적인 의미 흐름을 기억한 다음, 보지 않고 글로 옮겨 보는 것이다.

토플 쓰기 시험의 한 유형처럼 간단히 요지를 정리해도 좋고, 정리하는 것 자체가 부담스럽다면 중요한 포인트를 몇 문장으로 써도 좋고, 전문을 다 써도 좋다. 단, 너무 긴 글보다는 짧게는 다섯 문장부터 길어야 두 단락 정도인 글이 연습하기에 좋다.

내용은 무엇이든 상관없다. 자신이 글쓰기를 하는 목적과 맞는다면 어떤 글이든 상관 없다. 이메일을 잘 쓰고 싶다면 본보기 삼을 이메일을 읽고 의미를 파악한 다음 그 내용을 옮겨 본다. 이력서의 cover letter를 쓰기 위한 목적이라면 전문가가 쓴 cover letter를 본보기로 삼으면 된다. 생활 속 이야기를 쓰고 싶다면 인생 상담 코너인 Dear Abby나 Dear Annie가 좋다. 충분히 공감할 만한 생활 표현들을 접할 수 있어서 말하기에도 많이 활용되는 소재다.

인터넷에서 구한 소리 파일과 대본으로 듣기 훈련을 한 다음에 그 내용을 영어로 적어보는 방법도 해 볼 만하다. 하나의 소재로 듣기, 읽기, 쓰기, 말하기를 모두 연습하는 것은 매우 바람직한 방법이다. 이런 글에는 대개는 한두 개씩 이디엄이 포함되어 있는데, 읽고 듣는 과정에서 이 표현들을 기억해 두었다가 쓰기에 활용하도록 하자.

 좋은 영문 베껴 쓰기

좋은 글을 많이 베껴 쓰다 보면 어느 순간 '아, 영어로 글은 이렇게 쓰는구나' 하고 감이 잡히게 될 것이다.

기사체를 좋아한다면? 영어권 신문이나 잡지를 인터넷으로 검색해 그 중 흥미가 가는 기사를 고른다. 컴퓨터에 입력하면서 베껴 쓰는 것도 좋지만 이왕이면 손글씨로 쓰는 것이 기억에 더 오래 남는다. 재미있고 훈훈한 글을 좋아한다면? 〈Reader's Digest〉 같은 잡지의 훈훈한 기사를 베껴 써 보자.

영어 소설을 베껴 써보는 것도 나쁘지 않다. 굳이 소설가가 될 것이 아니라 해도, 영어권 소설들을 읽다 보면 일상적인 글쓰기에 도움되는 문장이나 좋은 표현들이 많이 나오기 때문에 어휘력이 풍부해진다. 단어의 다양한 쓰임새와 문맥에 따른 의미 파악은 소설만큼 좋은 교재가 없다. 단, 아무 대중 소설이나 다 베껴 쓸만 한 건 아니다. 밀도 있는 글쓰기로 정평이 나 있는 작가의 작품을 고르도

내가 기획하는 '영어연수 in Korea'

록 하자.

  이 밖에도 서점에 가면 '명문'들만 모아 놓은 책들이 많다. 주의할 점은 이렇게 명문들만 모아놓은 책을 끝까지 다 베껴 쓰기는 힘들다는 것. 내용이 철학적이거나 교훈적이다 보니 읽다가 흥미를 잃을 가능성이 높다. 차라리 그때그때 인터넷으로 좋은 글을 검색해 찾는 편이 나을지도 모른다.

  좋은 글을 읽다 보면 좋은 표현들을 발견하게 된다. 그것들을 '응용'해서 글을 자주 써 본 사람일수록 영어를 구사하는 수준이 높아진다.

 영영사전을 활용한 글쓰기

일기나 에세이, 독후감 등 영어로 글을 쓰다 보면 문장을 어떤 식으로 마무리해야 맞는 건지 도통 헷갈리는 경우가 많다. 그럴 땐 자신이 써놓은 문장에서 가장 핵심적인 단어를 골라 영영사전을 찾아보고, 사전에 적힌 예문을 자신의 상황에 맞게 변형시키면 된다. 사전의 예문을 그대로 옮겨 적어도 좋다. 반복해서 적다 보면 패턴이 눈에 익고, 점차 자연스러운 글쓰기가 된다.

 이메일 쓰기

말도 그렇지만 글 역시 사람과 사람 사이의 의사소통 수단이다. 의사소통을 하기 위해 글이 존재하기도 하지만, 의사소통을 하면서 글이 더 발전하기도 한다. 요즘은 해외 여행이나 연수를 다녀온 후 외국인 친구와 이메일을 주고 받는 사람들이 심심치 않게 있다. 영어회화 학원을 다니는 것도 좋고 영문학 강의를 듣는 것도 좋고 스터디 그룹에서 활동하는 것도 다 좋지만, 영어권 국가의 사람과 친분을 유지하며 이메일을 주고받는 것만큼 가슴이 뛰는 수업도 없다. 서로에 대한 관심을 바탕으로 사람 냄새가 풍기는 인간적인 이야기가 진솔하게 오고 가기 때문이다.

무엇보다 영어 이메일을 주고받으면 현지에서 '바로 지금' 쓰이는 생활 영어를 가감 없이 접할 수 있다. 줄임말이나 애칭, 유행어 등은 한국 땅에서 아무리 잘 가르치는 영어 강사에게 수업을 듣는다 해도 배울 수 없는 것. '생생한 현장 영어'를 하고 싶다면 영어권 국가 친구들과 이메일을 주고받아 보자.

 블로그 활용하기

|활용1| 블로그와 영어가 찰떡 궁합인 이유

인터넷 문화의 최고봉 블로그. 개인 출판, 개인 방송, 커뮤니티까지 모든 걸 가능하게 하는 도구이다. 이렇게 훌륭한 도구를 공짜로 사

내가 기획하는 '영어연수 in Korea'

용할 수 있는 사이트가 굉장히 많다. 블로그를 통해 자기만의 영어 미디어를 꾸려보자. 블로그를 운영하는 형태는 '정보 수집'을 위한 것과 '글쓰기'를 위한 것이 있는데, 여기서는 '글쓰기'를 위한 블로그를 중심으로 이야기해 볼까 한다.

내 힘으로 '표현' 할 수 없는 영어는 진정한 영어가 아니다. 아무리 단어를 많이 외우고 미드, 영드를 많이 본다고 하더라도 내 입으로 말할 줄 알고 내 손으로 글을 쓸 줄 알아야 진정한 '내 것'이 되는 것이다. 영어가 내 것이 되려면 '습득'을 위한 '의미 있는 체험'이 수반되어야 하는데, 영어 블로그야말로 이 체험에 딱 들어맞는 방법이다. 내 힘으로 글을 쓰는 과정, 내 글을 읽고 타인이 피드백한 것을 다시 피드백하는 과정을 거치며 영어 뇌가 탄력을 받기 때문이다. 다른 블로거들의 방문 흔적과 댓글을 보며 의욕을 유지할 수 있는 것도 큰 장점이다. 게다가 블로그에 써놓은 글은 언제라도 다시 꺼내볼 수 있어서, 자신의 영어 글쓰기가 어떤 변천 과정을 거치는지도 훗날 한눈에 알아볼 수 있다.

| **활용2**| 블로그를 운영할 수 있는 사이트

네이버, 다음, 싸이월드 페이퍼, tstory.com 같은 한글 사이트에서 블로그를 운영하는 방법과 구글에서 제공하는 블로거 닷컴(blogger.com), 이글루스(www.egloos.com) 같은 영어 사이트에서 블로그를 운영하는 방법이 있다.

한글 사이트에서 블로그를 운영하면 아무래도 한국 방문자들이 많이 오게 되고, 댓글과 응원 열기는 높은 반면, 실용적인 영어 댓

글을 많이 볼 수 없다는 단점이 있다. 하지만 방문자들의 높은 관심이 블로그를 지속적으로 운영하는 데 큰 도움이 된다. 영어 사이트에서 블로그를 운영한다면 온통 영어로 된 블로그들을 원 없이 구경하며 다닐 수 있고, 또 내 블로그에 방문한 사람들이 남긴 영어 댓글도 심심찮게 볼 수 있다. 해외 각국 사람들의 일상을 들여다볼 수 있다는 게 가장 큰 매력이다.

| 활용3 | 블로그에 어떤 글을 써볼까?

우선 '영어 글쓰기' 폴더를 하나 만드는 방법과, 모든 폴더의 글을 영어로 쓰는 방법이 있다. 자기 능력과 취향에 따라 영어 폴더의 개수를 조절하면 된다.

처음부터 무작정 장문의 글을, 그것도 영어로 쓴다는 건 무리다. 출발은 가볍고 재미있게. 자신의 카메라로 담아온 예쁜 풍경, 여행 이야기, 소소한 일상 등을 짤막한 영어로 영작해서 올려보자. '영어 일기' 폴더를 만들어 매일 써보는 것도 좋다. 독서 일기도 괜찮은 아이템이다. 어느 정도 영어로 글쓰기에 자신이 붙은 후에는 한국의 전통과 문화, 풍경을 알리는 글을 써서 국위선양에도 이바지하면 보람차다.

문법적인 사항은 적당히 무시하고 쓴다는 데 의의를 두자. 일단 쓰고, 하나씩 개선해 나가는 것이 현명하다. 우리를 헷갈리게 하는 관사만 해도 자꾸 쓰다 보면 어느 순간 일관된 쓰임새를 감지해 낼 수 있다. 처음부터 자신의 생각이나 감정을 완벽하게 옮기려고 하다가는 내용 만큼 능력이 따라가지 못해 스트레스가 생기고, 결국 쓰

내가 기획하는 '영어연수 in Korea'

는 것 자체를 단념하게 된다. 능력에 내용을 맞추는 것이 정석이다. 자신이 쓰는 표현이 맞는 건지, 원어민들이 정말 쓰고 있는 표현인지 알고 싶다면 해당 표현을 야후나 구글에 넣어서 검색해 보는 방법이 있다. 이 방법은 번역 전문가들도 많이 쓰는 방법으로, 쓰고자 하는 표현을 검색창에 입력하고 맨 앞에 큰 따옴표 앞 부분(")을 첨가하면 정확히 그 순서대로 쓰인 용례가 검색된다. 검색 건수가 많을수록 일반적으로 통용된다는 얘기이고, 출처가 신문이나 잡지라면 정확도를 신뢰할 만하다.

정 쓸 거리가 없다면 한국 노래 영어로 번역하기, 한국 영화 영어로 소개하기, 한국 배우 영어로 소개하기처럼 이미 있는 소스를 번역 활용하는 방법도 도전해볼 수 있다.

단, 블로그를 운영하는 데 시간을 너무 많이 허비하지 않도록 할 것. 하루에 2시간 이하로 잡는 것이 일상 업무나 학교 생활에 지장을 주지 않는다.

| **활용4** | 만약 영어로 글을 올리는 게 영 부담스럽다면?

외국의 블로그들을 서핑하며 다른 블로거들의 글을 읽고 댓글을 다는 것부터 시작할 수 있다. 나의 댓글에 해당 블로그 주인장이 댓글을 달아준다면, 거기서부터 영어 쓰기의 맛이 시작되는 것이다. 누군가 내 글에 반응하면 신이 나는 건 당연지사. 어떤 식으로 영어 글쓰기를 하든 '흥미'를 잃지 않는 게 중요하다.

## Part 6
### 멀티태스킹 코스

어느 정도 영어 듣기가 편해진 후에는 듣기, 말하기, 읽기, 쓰기를 동시 다발적으로 훈련하는 게 좋다. 영어 테이프를 듣고 쓰면서 나만의 억양으로 말해 보기, 영어책을 읽고 나서 영어로 토론하기, 영어 기사를 읽고 자기 견해를 영어로 쓰기 등 다양한 방법을 엮어 볼 수 있다.

무엇보다 '영어 환경의 생활화'가 중요하다. 아침에 눈을 뜨면서 영어 테이프를 듣고, 출근길에는 영어 소설을 읽고, 점심을 먹고 나서 영어 신문을 읽고, 퇴근길에 또 영어 테이프 듣고, 저녁을 먹고 나서는 그날의 영어 공부를 정리하는 생활. 일요일이면 '오프라 윈프리 쇼'나 미드(미국 드라마) 혹은 영드(영국 드라마)를 보면서 하루 종일 방에서 뒹구는 여유도 부려보는 것이다.

중요한 것은 지루하지 않게, 스스로 '재미'가 느껴지게 해야 한다는 것이다. 재미없고 어려우면 한 달은커녕 일주일도 못 가서 손을 들게 될 테니까.

 직장인들을 위한 휴가철 영어연수 프로젝트

간만에 며칠 내리 쉴 수 있는, 1년에 한 번 뿐인 호재! 하지만 술 마시고 노래하고 춤을 춰봐도 휴가가 끝나면 왠지 모를 허탈함과 피곤함이 밀려오기 십상이다. 이번 휴가는 영어 스터디 그룹 멤버들과

내가 기획하는 '영어연수 in Korea'

간만에 학구적인 여행을 떠나 보는 게 어떨까? 아웃풋(output)보다 인풋(input)에 집중하고 싶다면 혼자만의 휴가 프로젝트를 짜 보는 것도 좋다.

| 프로젝트1 | 혼자만의 휴가 프로젝트

사람이 많이 몰리는 기간만 피한다면 혼자만의 휴가를 떠나는 것도 굿!이다. 기차 타고 가며 영어 소설책 읽기, 휴양림에 도착해서 여름철 신록이나 겨울철 눈 내리는 풍경을 감상하며 또 영어 소설책 읽기. 해가 지기 시작하면 오랜만에 문법책을 꺼내 그동안 부족했던 문법을 보충해 보는 것이 어떨까? 이렇게 두 가지 아이템만 해도 충분히 영어와 놀았다고 볼 수 있다.

피서지보다 집이 좋은 사람은? 여름엔 간간히 수박을 쪼개 먹으며, 겨울엔 따뜻한 아랫목에서 찐 고구마를 까먹으며 영어 소설 읽기에 매진해 보자. 오전에는 영어 테이프 듣기, 오후에는 생활 영어 외우기로 시간을 보내도 좋다. 영어 뇌를 다방면으로 자극해 보는 것이다.

| 프로젝트2 | 친구들과 펜션에서 영어연수를!

요즘에는 산 좋고 물 좋은 곳 어디에든 유럽식 펜션 하나쯤은 다 있다. 스터디 그룹 멤버들과 그 펜션에 들어가 2박 3일 영어연수 프로그램을 짜보자.

도착 당일은 뭐니 뭐니 해도 맛있는 바비큐 파티다. 각종 재료들을 굽고 채소를 씻고 상을 차려 야외에서 먹는 밥맛은 그야말로 꿀

맛. 밥을 차리고 먹는 동안 '영어로만 말하기'를 시도해 본다. 이후 펜션 안에서는 '영어'만 쓰기로 약속한다.

식후 프로그램으로는 각자 연습해 온 팝송을 부르고, 가사 중 좋은 표현을 골라 나머지 멤버들에게 영어로 설명해주기. 이때 나머지 멤버들은 반드시 설명 내용을 영어로 요약해서 쓴 후, 발표자에게 점검 받는 시간을 갖는다. 영어는 듣고 이해하는 데서 그치면 한 단계 올라서기가 힘들다. 늘 '점검' 과정이 따라야 한다.

이튿날엔 뭘 할까? 멤버 중 누군가 준비해 간 팝송을 들으며 오전 일과를 시작한다. 소형 플레이어와 스피커만 있으면 된다. 아침 식사 후 각자 준비해 온 주제 발표와 영어 토론을 진행한다. 인원이 4명이면 적어도 발표와 토론에 4시간 이상 잡아야 한다. 중간 중간 휴식 시간에도 영어로만 말해야 한다는 것을 잊지 말 것. 어차피 그곳엔 '영어연수'를 하러 간 것이니까.

저녁 식사 이후에는 함께 미드를 감상해 보자. 휴대용 노트북에 영상 파일을 담아가면 된다. 감상이 끝난 후, 각자 기억에 남는 영어 표현들을 발표해 본다. 그리고 다음 회에 어떤 내용이 전개될 것인지, 배우들의 캐릭터는 어떤 특징을 갖고 있는지 다양한 주제를 가지고 얘기해 볼 수 있다. 물론 영어로 해야 한다. 말이 잘 안 나올 때는 중간 중간 영영사전의 도움을 받는 것도 잊지 말자.

영어 오디오 파일이나 테이프를 들으며 함께 받아쓰기 하기, 영화나 드라마의 한 장면을 각자 역할에 맞춰 따라해 보기 등 더욱 재미있게 프로그램을 짜는 것은 각자의 몫이다.

내가 기획하는 '영어연수 in Korea'

 **주말을 이용한 영어연수 프로젝트**

한국에 살면서 하루 종일 영어만 쓸 수도 있을까? 그 하루의 시간을 자유롭게 쓸 수만 있다면 가능하다. 학생이나 직장인이라면 놀토(쉬는 토요일)가 낀 주말을 이용해 영어와 놀아보자.

**방송 듣기** 오전 7시부터 9시까지 영어 방송 듣기. EBS 교육방송 라디오 프로그램 강력 추천

**방송 보고 듣기** 오전 9시부터 10시까지 영어 방송 보고 듣기. 초급 수준이라면 〈Sesame Street〉 같은 어린이 방송이나 〈Wee Sing 시리즈〉 같은 어린이 영어 교육 비디오를 본다. 중급 수준이라면 미국 드라마나 영국 드라마 한 편 보는 것도 좋고, 뉴스를 좋아한다면 BBC나 CNN 뉴스 프로그램을 봐도 좋다.

**회화 학원** 오전 11시부터 12시까지 영어 회화 학원. '사람들'과 어우러져 생생한 분위기 속에서 영어를 배우고 말해 볼 수 있는 기회를 갖는다.

**점심 시간&쉬는 시간** 쉴 때는 확실히 쉬자.

**복습** 오후 3시부터 5시까지 복습. 아침에 들은 영어 방송 표현들을 정리하고, 학원 수업 내용을 복습한다.

**문법책 읽기** 오후 5시부터 7시까지 문법책을 읽는다.

**소설 읽기** 저녁 식사 후부터 취침 전까지 즐겁게 영어 소설을 읽는다.

짬내기 프로젝트

바쁘다 바쁘다 하지만, 우리가 일상 생활에서 무심코 흘려보내는 시간은 의외로 적지 않다. 지하철을 타고 이동하는 시간, 플랫폼에서 지하철을 기다리는 시간, 버스를 기다리는 시간, 카페에서 친구를 기다리는 시간. 이 시간들을 영어학습 시간으로 활용해보면 어떨까?

귀에 이어폰을 꽂고 영어 테이프를 듣는 것도 나쁘진 않지만 바깥에서는 '영어 소설 읽기'나 '영어로 생각하고 메모하기'가 더 효율적이다. 시끄러운 외부에서는 소리에 집중이 잘 되지도 않을 뿐더러 귀 건강에도 좋지 않기 때문이다. 차라리 눈과 머리를 쓰는 게 효율적이다.

길거리를 걸을 때 지나가는 차 번호판 영어로 읽기. 순식간에 지나가므로 순발력이 필요하다.

친구 휴대폰 번호 영어로 읽기 평소 영어 뇌가 바로바로 활동할 수 있게 하는 훈련.

지하철에서 영어소설 읽기 대중교통을 이용하는 시간이야말로 영어 학습의 틈새시장이다.

버스 기다리는 시간 활용하기 생활

**붙일 수 있는 곳은 어디든 붙여라**

기억력을 높이는 가장 좋은 방법은 반복이다. 그런데 그 반복해야 한다는 생각마저도 잊어버릴 때가 있다. 처음에는 '어? 내가 잊었었지'라는 생각이라도 들지만 한 번 두 번 잊다 보면 자신이 잊었다는 생각조차도 떠올리지 못하게 된다. 영어 표현이나 유용한 단어를 기껏 공부했는데, 하루 이틀 만에 잊어버리면 너무 아깝다. 영어를 정말 내 것으로 만들고 싶다면 공부한 내용들을 A4 용지에 적거나 인쇄해서 집안 곳곳에 붙여두자. 화장실 변기 앞, 자기 방 문고리 위, 소파 옆의 벽 등 시선이 자주 가는 곳에 붙여두고 틈틈이 반복학습 하는 것이다. 좀 집안이 너저분해 보일 수도 있지만, 체면보다는 실속 아니겠는가?

##### 내가 기획하는 '영어연수 in Korea'

영어 패턴을 암기하면 좋다.

　**모닝 잉글리시** 아침 잠결에 영어 테이프를 틀어놓고 잠이 깰 때까지 듣자(일정 기간 동안은 하나만 반복해서 들어야 한다). 의외로 효과가 있다. 한 달 혹은 그 이상의 시간이 지나면 어느 순간 테이프에서 흘러나오는 영어 문장들이 몽롱한 잠결에도 머릿속에서 그려진다.

## Part 7
### 해외 실전 코스

듣기부터 쓰기까지 부지런히 기본기를 닦았다면, 이제 뭘 할까?

배운 건 써먹어야 한다. 눈과 입과 귀와 머리로 익힌 영어, 내 안의 영어를 숨 쉬게 하자. 이태원 거리에서 외국인을 인터뷰해도 좋고, 외국인을 대상으로 영어 자원봉사를 해도 좋다. 영어 원어민 친구를 포함한 사교 모임을 가져보는 것도 재미있다.

하지만 지루한 일상을 벗어나 영어 인생에 새로운 획을 그어보고 싶다면? 뭐니 뭐니 해도 해외여행이 최고봉이다. 직접 이국의 사람들과 침 튀겨가며 말도 배우고 문화도 배울 수 있다. 그렇다면 미국으로 갈까, 아니면 호주로 갈까? 그도 아니면 수십 개 나라와 영국이 함께 있는 유럽으로 갈까?

세계 각국 여행자 대부분이 영어를 의사소통 수단으로 하고 있으므로 어디를 가든 상관이 없을 수도 있겠지만, 이왕이면 현지 영어 체험을 위해 영어권 국가를 포함시키도록 하자.

해외여행에 영어를 접목시킨 몇 가지 프로젝트를 소개한다.

 *Do It Yourself* 출국에서 귀국까지 혼자하기 프로젝트

인터넷 검색 창에 '해외여행'을 입력했을 때 가장 많이 나오는 항목은?

내가 기획하는 '영어연수 in Korea'

'단기간 유럽 22개국 탐방', '호주·뉴질랜드 스키 여행', '7일간의 호텔팩' 등 다양한 여행 상품들일 것이다. 짜여진 일정대로 투어가이드를 따라다니는 해외여행도 나쁘지는 않다. 머나먼 타국에서 길 잃을 염려도 없고 숙소를 구하지 못해 밤거리에서 발을 동동 거릴 일도 없다.

하지만 진정한 여행은 혼자 할 때 그 빛을 발한다. 비자와 여권, 비행기 티켓을 준비하고 현지 숙소 예약까지 마친 후 '나홀로' 여행에 도전해 보자.

|프로젝트1| 정보 영어 접하기 우선 가고 싶은 나라를 고르고 그 중에서 꼭 들르고 싶은 명소들을 위주로 여정을 짠다. 유적지나 박물관, 명소들을 정한 후 숙소와 이동거리, 교통편 등을 알아본다. 정보를 모으다보면 자연스럽게 다양한 영어 홈페이지를 방문하게 된다. 모두 이해하지는 못하더라도 꼭 필요한 정보에 관한 한 사전을 뒤져가며 읽어볼 것.

|프로젝트2| 현지 숙소나 페스티벌 담당자와 통화하기 여행 준비를 하는 동안 영어를 사용할 기회도 종종 생긴다. 특히 숙소를 예약할 때 빈 방이 있는지, 위치는 어디쯤인지, 혹은 예약이 잘 되었는지 확인하기 위해 이메일을 보낼 때가 있다. '영어 쓰기' 실전이 되는 셈이다.

이메일 답장을 기다리기가 답답하다면 현지로 전화를 걸어 물어보는 것도 좋다. 영어권 국가의 번듯한 호텔이 아니더라도 요즘 웬

만한 호스텔이나 B&B(Bed&Breakfast) 안내 데스크에는 영어로 응대하는 사람들이 상주한다. 내가 묻고 상대가 대답하는 과정을 거치며 '영어 말하기' 연습이 된다. 이탈리아나 독일처럼 비영어권 국가로 전화를 했을 경우 발음이 독특해 알아듣기 쉽지 않을 수도 있지만, 다양한 발음을 경험한다 생각하면 나쁠 것도 없다. 오히려 재미있다고 생각하자.

| 프로젝트3| 여행 영어 회화 연습하기 배낭 메고 떠나기 전, 반드시 생활 회화 정도는 익혀두고 가야 한다. 거리에서 길을 잃었을 때, 돈을 계산할 때, 음식의 메뉴 설명을 듣고 싶을 때, 숙소의 규칙을 알고 싶을 때, 교통편 시간이 궁금할 때 등등 영어로 묻고 대답하는 상황이 종종 벌어진다.

무엇보다 공항 입국 심사대에서 오가는 대화는 반드시 영어로 구사할 수 있어야 한다. 여행의 목적과 체류 기간 등 입국 심사대 직원이 물어보는 말에 정확하고 의연하게 대답하는 요령을 숙지하는 것이다. 실제 상황에서 괜히 머뭇거리면 테러리스트나 불법 체류자로 오해받을 수 있으니 유의할 것. 입국 심사대 예상 질문과 대답뿐만 여행할 때 꼭 필요한 영어 회화는 시중 서점에서 판매하는 각종 해외여행 영어책이나 인터넷에서 쉽게 찾아볼 수 있다.

> **혼자 여행하는 사람들을 위한 정보 사이트**
> 여기 들러 여행 고수들의 경험담도 들어보고 좋은 숙소와 교통편, 이국의 멋진 페스티벌 등에 대한 정보를 담아보자.
> http://cafe.naver.com/firenze
> http://www.prettynim.com

내가 기획하는 '영어연수 in Korea'

 Make Your Friends 현지인 백 배 활용하기 프로젝트

영국이나 호주, 뉴질랜드, 미국 등 영어권 국가로 여행을 간다면 천지에 널린(?) 게 원어민들이다. 마주치는 사람들과 즐거운 대화의 장을 열어보자.

|프로젝트1| 현지 데스크에 문의하기 여행 중간 중간 전화를 걸어 방이 남아 있는지, 체크인 시간과 체크아웃 시간은 어떻게 되는지 등 물어보는 재미가 있다. 숙박을 마치고 떠나기 전, 데스크 직원에게 다음 여정에 필요한 정보를 문의해보는 것도 좋다. 유럽의 경우 호스텔 내의 여행 정보 센터 직원들은 상당히 친절하다. 단, 너무 바쁘게 재촉하지는 말 것. 한두 명 오가는 자리가 아닌지라 최대한 느긋하게 차례를 기다리는 여유가 필요하다.

|프로젝트2| 박물관이나 미술관에서 안내원들과 얘기하기 어느 나라를 가도 미술관이나 박물관은 있게 마련. 그 중 규모가 크거나 전통이 있는 곳이라면 반드시 안내원들이 배치되어 있다. 유명 화가들의 작품에 대해 설명해주기도 하고 전시 공간 동선에 대해 안내해주기도 한다. 어떤 미술관은 '시간 없는 여행자들이 반드시 보고 가야 할 코스'를 인쇄물로 나눠주는 사람도 있다. 이렇게 '봉사' 하려고 대기 중인 사람들을 그냥 지나치는 건 실례라고 생각하자. 용기 있게 다가가 전시 작품들에 대한 궁금증을 물어보고, 그 공간의 역사에 대한 질문도 던져보는 것이다. 외국에서 왔다고 하면 대

부분 친절하게 설명해준다.

  단, 사진 찍기가 금지된 곳에서 함부로 카메라를 꺼내들어 그들의 신경을 돋우지는 말 것. 나라 망신 차원이 아니라 개인의 품위 문제다.

  |프로젝트3| 현지인들에게 길 물어보기 태어나서 한 번도 길을 잃어본 적이 없다고 자부하는가? 여행지에서는 가끔 길을 잃고 헤매는 것도 특급 센스에 속한다. 여행 내내 입에 자물쇠를 걸어 잠그고 다닐 필요는 없으니, 어떻게든 말할 기회를 만들어보자는 얘기다.

"쾰른 성당이 어디 있나요?"

"내셔널 갤러리를 찾고 있는데, 길 좀 가르쳐주겠어요?"

  이렇게 물어보면 대개 가던 길을 멈추고 설명해 주기 마련이다. 지나치게 친절한 사람은 여행자를 목적지까지 몸소 안내해 주기도 한다. 현지인과 함께 길을 걸으며 날씨 얘기, 여행 얘기하는 맛도 쏠쏠하다.

  간혹 여행자인 당신에게 길을 물어보는 또 다른 여행자도 있을 것이다. 그땐 "나도 여기 처음이에요" 하고 냉정하게 돌아서기보다는 대화를 이끌어보도록 하자.

"글쎄요, 나도 여행 중인데. 당신은 어디에서 왔나요?"

  대화란 누군가 먼저 시작해야 물꼬가 트이는 법이다. 인생에 해외 나갈 일이 몇 번이나 있다고, 거기까지 가서 침묵하는 건 참 아까운 일인 게다.

내가 기획하는 '영어연수 in Korea'

단, 길을 잃는 것은 대낮에 도심에서만 가능하다는 사실. 늦은 밤이나 한적한 교외를 혼자 방황하다간 위험한 일이 발생할 수도 있으니 조심하자.

| 프로젝트4 | 여행 친구, 수다 친구 만들기  해외에서 여행을 하는 동안 가장 많은 여행자들을 만날 수 있는 장소는 단연 호스텔이다. 호주에서는 Backpacker's House 혹은 Lodge 라고도 부른다. 공식 유스호스텔이 아니라도 저렴하고 깨끗한 시설의 호스텔이 많다. 한글이나 영문 인터넷 포털 사이트에서 '호스텔 Hostel'을 검색하면 다양한 예약 사이트를 찾을 수 있다.

호스텔은 별 다섯 개짜리 호텔처럼 고급스러운 공간은 아니지만 젊은 배낭여행자들이 몰린다는 장점이 있다. 유럽의 호스텔에는 대개 소파가 있는 응접실이 있게 마련인데, 하루의 일정을 마치고 돌아온 여행자들이 삼삼오오 모여 이야기를 나누는 곳이다. 일정을 마치고 숙소로 돌아왔다면 응접실에 앉아 수다 친구를 찾아보자. 영어를 잘하고 못하고는 크게 상관이 없다. 서로 호감이 가는 사람끼리는 눈빛만 봐도 대화가 시작되기 때문이다. 주방을 사용할 수 있는 호스텔이라면 한국식 음식을 만들어 나눠먹으며 친구를 사귀는 것도 좋은 방법이다.

현지에서 친해진 사람들 때문에 일정을 바꾸는 경우도 종종 생긴다. 함께 자동차를 빌려서 도시 일주를 하기도 하고 생소한 나라로 함께 떠나기도 한다. 한국어가 통용되지 않는 나라에서 생활하다 보면 희한하게도 영어 구사가 자연스러워진다. 그 느낌 그대로 외국인 친구들과 대화하는 시간은 좋은 추억이 되고도 남는다.

좀더 친해지면 서로 이메일 주소를 주고받자. 여행을 끝나고 집으로 돌아왔을 때 남는 건 사진과 친구들의 이메일 주소뿐이다. 너무 시간이 흐르기 전에 안부 인사 메일 정도를 보낼 것. 그리고 간간히 서로 이메일을 주고받으며 현지 영어 감각을 잃지 않도록 한다. 메신저를 활용해 일상적인 대화를 나눠보는 것도 좋다.

 keep a Log of the Trip 여행 일지 쓰기 프로젝트

해외로 나가기 전, 예쁜 수첩 하나 사 두자. 출발하는 비행기 안에서부터 현지를 돌아 귀국 비행기까지, 여정과 감상을 적을 수첩이다. 글쓰기를 취미로 하지 않는 사람이라도 여행을 떠나면 감수성이 풍부해지곤 한다.

어디에서 몇 시에 출발해 어디에 도착했는지, 어떤 사람들과 어떤 풍경을 보았는지, 느낌은 어땠는지, 아쉬운 점은 무엇인지 등등 영어로 간단하게 적어보자. 이 과정에서 '영어로 생각하기'와 '영어 쓰기'가 자연스럽게 이루어진다.

중간 중간 현지에서 구입한 팬시 스티커나 우표 등을 수첩에 붙여 추억거리를 늘려보는 것도 좋은 방법이다. 자신의 개성을 살린 여행 일지를 꾸며보도록 한다.

내가 기획하는 '영어연수 in Korea'

 Travel with International Friends
다국적 배낭여행 프로젝트

해외 현지로 날아가 거기서부터 여행이 시작되는 다국적 배낭여행 상품들이 있다. 말 그대로 외국인들과 함께 관광버스로 움직이며 식사나 숙박, 관광 등의 일정을 함께 하는 상품이다. 비행기 표나 여행 출발 지점까지 가는 교통비 등은 각자 알아서 부담하고, 함께 움직이는 단체 여행 경비만 미리 지불하면 된다.

현재 국내의 여러 여행사에서 다국적 배낭여행 상품을 판매할 때 '여행도 하고 영어도 배울 수 있다'고 홍보하는데, 실상 이건 잘못된 표현이다. 상식적으로 '여행'을 즐기러 온 외국인들이 낯선 동양인에게 일부러 영어를 가르쳐주는 일은 벌어지지 않는다. 다만 영어로 기본적인 의사소통이 가능한 사람이라면 외국인들과의 대화를 통해 영어를 활용할 수는 있다. 말하자면 영어학원도 아니고 영어연수도 아닌, 새로운 일상 속으로 뛰어든다는 데에 의의가 있는 것이다. 고로 '여행을 하면서 영어를 배우겠다는' 순진한 기대는 진작부터 버릴 것.

### 다국적 배낭여행의 장점

**첫째**, 세계 각국에서 온 여행자들과 만나 동고동락하는 재미. 모두 영어권 국가에서 오는 건 아니지만, 중국이나 일본, 남미 등 다양한 국가의 여행자들과 영어로 대화하는 즐거움은 상당하다. 또 모든 숙소를 함께 하므로 번갈아가며 룸메이트를 정할 수도 있다. 무엇보다 그들의 정서와 문화를 피부로 느낄 수 있다는 게 최대 장점이다.

둘째, 호텔, 호스텔, 고성, 캠프장 등 다양한 숙소를 체험하는 재미. 유럽의 경우 파리, 로마, 바르셀로나, 베니스 등 유명 관광 도시 근처에 근사한 캠프장들이 있다. 도시 근처에 그토록 울창한 삼림지대가 있는 것도 놀랍지만, 그 속에서 캠핑카, 텐트, 통나무집, 컨테이너 박스 등 다양한 숙소를 구경하는 것도 신나는 일이다. 텐트 치는 구역을 돌아다니다 보면 영어를 모국어로 하지 않는 나라의 여행자들이 많다. 먼 나라 이웃들끼리 손짓발짓으로라도 즐거운 대화가 가능하다. 단, 너무 밤늦게 혼자서 캠프장을 돌아다니지는 말 것. 길을 잃거나 위험한 일이 발생할 수도 있다.

### 다국적 배낭여행을 할 때 유의해야 할 몇 가지

첫째, 시간 약속을 철저히 지켜야 한다. 4~50명이 단체로 이동하는 일정이기 때문에 단 몇 분이라도 지각을 하면 굉장히 난감한 상황이 벌어진다. 심각하게 늦는 경우, 버스가 사람을 버리고 출발할 수도 있다.

둘째, '안전의식'과 '책임의식'이 따라야 한다. 이런 여행 상품을 대리 판매하는 한국 여행사에서는 약관에 대해 자세히 설명하지 않는 경우가 많다. 현지에 막상 도착하면 투어가이드로부터 가장 먼저 듣는 얘기가 바로 여행 약관이다. 특히 여행 중 사고가 나서 다치거나 죽거나 해도 자기들은 아무 책임이 없다는 것. 즉 '자기 목숨은 자기가 챙기라'는 얘기다. 여정 중간에 혼자 길이라도 잃는다면 꼼짝없이 국제 미아가 되므로, 만일을 대비해 여행 국가의 한국 대사

내가 기획하는 '영어연수 in Korea'

관이나 지인의 연락처를 챙겨두어야 한다.

셋째, 옵션 비용이 생각보다 많이 든다. 여행사에 지불하는 돈에는 버스로 이동하는 비용, 하루 한두 번의 식사, 숙박비용이 포함되어 있다. 왕복 비행기 표나 특식 비용, 각종 입장료와 레포츠 체험 비용은 별도. 거기다 중간 중간 쇼핑 코스가 섞여있어 생각 외로 지출이 많다.

넷째, 기본적인 영어 회화는 할 줄 알아야 한다. 매일 아침 버스 출발 전 투어가이드가 일정이나 주의사항 등을 당부하는데, 이 때 말을 못 알아들으면 앞서 얘기한 대로 국제 미아가 되기 십상이다. 보통 숙소에서 출발한 버스가 여행객들을 관광 장소에 내려다준 후 정해진 시각, 정해진 장소로 다시 픽업을 하러 오곤 하는데, 투어가이드가 일러주는 시간과 장소를 못 알아듣는다면? 생각만 해도 아찔하다. 물론 단체 여행을 하다보면 자연스럽게 일행이 생겨 서로 도와주기 마련이지만, 그래도 말을 못 알아들어 불이익을 당하는 일은 없도록 하자.

 Money & English 일하면서 영어 공부하기 프로젝트

돈을 벌며 여행할 수 있는 우프 WWOOF, 이스라엘 공동체 생활 체험 키부츠 Kibbutz, 자원봉사 활동을 하며 숙식을 해결하는 워크 캠프 Work Camp 등 해외로 나가 색다른 체험을 할 수 있는 프로그램들이 있다. 오로지 이 프로그램들에 참가하기 위해 해외로 나가는

것보다는 자신의 기본 여행 일정을 짜고 중간에 의미 있는 활동 정도로 끼워 넣는 편이 좋다.

앞서 말한 다국적 배낭여행이 순진한 차원의 영어배우기 프로그램이 아닌 것처럼, 이런 '일하기 프로젝트' 역시 기본 영어 회화는 다지고 가야 활용 폭이 넓어진다. 영어의 기본만 되어 있다면 다채로운 '체험' 면에서 해볼 만한 프로그램들이다.

### 우프 WWOOF

우프란 'Willing Workers On Orgarnic Farms'의 약자이며 '유기농 농장에서 자발적으로 일하는 사람들'이란 뜻이다. 여행자가 현지 농가에 들어가 하루 평균 4~5시간의 노동력을 제공하는 대신 식사와 잠자리를 제공받는 일종의 Farmstay. 현재 전 세계 60여 개 나라가 우프 회원국으로 가입되어 있다.

농가라고 해서 막연히 전원생활을 즐기는 걸로 착각하면 큰일 난다. 흙을 만지고 과일을 따고 부엌의 허드렛일도 할 수 있다는 각오가 단단히 서 있어야 한다. 튼튼한 체력과 현지 문화를 체험하겠다는 적극성만 있다면 마을 모임, 파티, 주변 관광 등을

**우프를 할 때 주의해야 할 몇 가지**

**하나** 농장주에게 전화로 예약할 경우 아침 8~9시, 또는 저녁 6~8시가 좋다.
**둘** 농장에는 물이나 물품들을 함부로 쓰지 않는다.
**셋** 최소한 이틀 이상은 일해야 한다. 농장의 처우가 마음에 든다면 농장주와 상의해 기간을 늘릴 수 있다.
**넷** 농장 주인의 물건들을 함부로 만지거나 동의 없이 쓰면 안 된다. 자칫 도둑으로 몰릴 수도 있다.
**다섯** 일하는 시간과 일하지 않는 시간을 미리 정하는 게 좋다. 노동력을 착취당하지 않도록 자기 시간을 확실히 구분할 것.
**여섯** 미리 구입한 우프 책자는 타인에게 빌려주면 안 된다. 우프는 책자를 구입함으로써 회원이 되기 때문에, 공동으로 쓸 수가 없다.

내가 기획하는 '영어연수 in Korea'

통해 살아있는 영어와 문화를 피부로 느낄 수 있다.

우프를 시작하기 전, 현지 호스텔이나 Backpackers House에서 우프 경험자들로부터 정보를 듣는 것도 빼놓을 수 없는 영어 활용 기회이다. 대부분의 우퍼(우프 활동을 하는 사람들)들은 경험을 나누는 일에 즐거움을 느낀다. 그들과 이야기를 나누며 영어도 활용하고 다양한 정보를 수집하자.

자신이 가고 싶은 나라의 우프 협회에서 발간한 우프 책자를 구입하면 자동적으로 우퍼(우프 활동을 하는 사람)로 가입된다. 책 표지에 고유 번호가 기재되어 있고, 그 번호로 1년간 우퍼로 활동할 수 있다. 우프코리아 홈페이지 http://www.wwoofkorea.co.kr 참조

### 키부츠 Kibbutz

키부츠는 이스라엘의 '협동농장'을 말한다. 이스라엘 전역에 걸쳐 200개 정도가 있는데, 사유재산이 인정되지 않는 공동생활이 특징이다. 이곳에 자원봉사를 가면 전 세계에서 온 사람들과 이스라엘식 '삶의 방식'을 체험할 수 있다. 하루에 6~8시간 정도 일하고 숙식과 용돈을 제공받는다. 최소한 2개월은 머물러야 한다는 규칙이 있으므로 짧은 여행과 영어 연수를 목적으로 한다면 선택하지 않는 편이 낫다. 다만, 그간 다져둔 영어 실력으로 이스라엘식 공동체를 체험하는 데 의의를 둔다면 충분히 가볼 만하다.

한국에서 미리 알아보고 가는 방법도 있고, 이스라엘의 수도 텔아비브에 있는 키부츠센터에 직접 들러 농장을 찾는 방법도 있다.

키부츠코리아 홈페이지 http://www.kibbutz.or.kr 참조

## 워크캠프 Work Camp

워크 캠프는 서로 다른 국적의 젊은이들이 2~3주간 '자원 봉사 활동'을 목적으로 공동체 생활을 하는 국제 교류 프로그램이다. 오지의 어린이들에게 연극이나 미술을 가르치는 캠프도 있지만 산에 계단을 놓거나 마을의 부서진 건물을 수리하는 등 3D 작업이라 할 만한 캠프도 많다. 양로원의 노인이나 장애인들을 돕는 프로그램도 있다.

대부분의 워크 캠프는 여름(6~8월)에 열리는데, 항공권, 여행자 보험, 참가비, 현지 참가비 등은 개인이 각자 부담해야 한다. 현지에 도착하면 캠프 기간 중에는 숙식이 제공된다.

자기 돈 들여 봉사 활동을 떠난다는 게 좀 이상하게 들릴지는 모르지만, 현지 주민들과 어울려 의미 있는 활동을 함으로써 보다 국제적인 마인드를 가지는 데 도움이 된다. 무엇보다 인간애와 다양성, 상호 존중이라는 미덕을 배울 수 있다.

한 그룹에 15명 내외가 배정되는데, 그룹 내에 한국인은 2~3명 정도이므로 영어 환경으로서는 나쁘지 않다. 역시 영어의 기본기를 다져둔 상태에서 참가하면 살아있는 영어 어휘와 표현들을 배우고 익히는 데 좋다. 국제 워크캠프 기구 홈페이지 http://www.1.or.kr 참조

해외연수에서도 안 가르쳐주는 알짜배기 팁들

## 영어 실전 여행을 떠나기 전 우리의 마음가짐

**하나**, 영어권 국가의 현지인을 만났을 때 무조건 '영어를 가르쳐달라' 혹은 '나 영어 배우러 왔다'는 식의 접근 방법은 곤란하다. 친구 또는 동행이 되는 게 먼저이다.

**둘**, 적어도 한국인으로서의 자긍심을 품에 안고 떠나라. 이건 '잘난 척 하라'는 말과는 다른 얘기다. 새로운 문화를 배우겠다는 겸허함은 보여주되 스스로에 대한 자긍심을 가지고 있어야 한다.

**셋**, 여행을 즐겨라. 나 자신이 즐겁자고 가는 것이지 외국인과의 관계에 종속되거나 스트레스를 받기위해 가는 것이 아니다. 하고 싶은 걸 하고 가고 싶은 곳에 가라.

**넷**, 관광을 위한 여행 보다는 또다른 문화를 즐기자는 마음이 필요하다. '일주일에 유럽 7개국 돌기' 식의 관광은 한두 번으로 족하다. 너무 볼거리에 치중하다 보면 현지 사람들과 마주치며 호흡할 기회가 적어질 수밖에 없다. 문화와 사람. 이 둘을 빼놓고는 여행이 재미가 없다. 영어라는 언어도 그 사이에서 빛을 발한다는 사실을 기억하자.

**다섯**, 알아들은 척 하지 말라. 공항이나 공공장소에서 어떤 문제가 생겼을 때, 무슨 일이 벌어지는지도 모르면서 무조건 고개를 끄덕였다간 위험한 상황에 몰릴 수도 있다. 상대가 하는 이야기가 이해되지 않는다면 알아들을 때까지 반문하는 치밀함이 필요하다.

**여섯**, 예의바른 영어를 배우고 가라. 영어에 존댓말이 없다는 건 잘못된 상식이다. 그 언어에도 분명 상대를 존중하고 격식을 차리는 표현이 있다. 예를 들면 Would you~, Could you~로 시작되는 표현들이 그렇다. 영화에서 자주 들었다고 해서 무심코 'Shit'이란 단어를 내뱉었다간, 예의 없는 사람으로 비춰질 수 있다.

**일곱**, 품위를 지켜라. 공공질서를 지키고 타인을 배려하는 태도가 몸에 배어 있어야 한다. 영어를 배우려고 여기까지 왔으니 수단과 방법을 가리지 않겠다는 식의 생각은 위험하다. 세상은 돌고 도는 것이다. 언젠가 어디에선가 또 만날 그들 앞에서 웃을 수 있으려면 항상 품위를 지켜야 한다.

# 부록

김대균 추천 영어 학습서 / 무료 영어 소스가 가득한 인터넷 세상 탐험하기

## 김대균 추천 영어학습서

"이 책들만 제대로 읽어도 영어를 쥐락펴락 할 수 있다"

### 올바른 영어와 틀린 영어를 확실하게 구분하는 데 도움이 되는 책

1. **Practical English Usage(Oxford Press)** 외국인이 영어를 공부할 때 틀리기 쉬운 사례들을 모아놓은 책. 순서대로 읽어도 좋고 뒤쪽의 목차에서 원하는 내용을 찾아 읽어도 좋다. 중·고급용.
2. **Longman Dictionary of Common Errors** 옳은 문장과 그른 문장을 비교하면서 올바른 영어용법을 제시한다.

### 영문법을 정석대로 정리하고 싶을 때 유용한 책

**초급** 1. **Essential Grammar in Use** 영어로 쓰여져 있지만, 중학생 이상이면 볼 수 있는 쉬운 책이다.

2. **Again, 뒤집어 본 영문법** 한글로 씌어진, 이해하기 쉬운 문법 책. 오성호 지음.

**중급** 1. **A Practical English Grammar** (Oxford) 영문법이 아주 상세하게 설명되어 있다.

2. **Grammar in Use** (Cambridge) 레이몬드 머피가 쓴 책으로 연습문제까지 풀어 보면 실력이 부쩍 오른다. 표지에 '중급(intermediate)' 이라고 표시된 책을 볼 것.

3. **Understanding and Using English Grammar**(vol A, B) 미국에서 영어연수를 받을 때 고급반에서 사용되기도 한다. 베티 슈램퍼 아자르 지음.

## 실용 영어로 영문법을 정리하고 싶을 때 볼 만한 책

1. **The Language of Business English**(Prentice Hall) 영문법의 기본 사항들을 실용적인 예문과 함께 체계적으로 정리했다.
2. **Longman Business Usage** 실용적인 예문들을 통해 어법을 체계적으로 정리한 책이다.

## 미국 영어와 영국 영어의 차이를 잘 가르쳐주는 책

1. **Speak American**(Random House) 미국 문화와 언어에 대해 간단명료하게 설명하면서 영국 영어와의 차이도 잘 정리했다.
2. **Oxford Guide to British and American Culture** 미국문화와 영국문화 속의 풍물, 인물, 역사 등을 알파벳순으로 다뤘다. 토플 수험생이라면 꼭 읽어볼 만하다.

### 학구적인 독자들이 볼 만한 책

1. Longman Grammar of Spoken and Written English 통계적인 접근까지 시도한 최신 영문법 교재다. (1999년 판)
2. A Comprehensive Grammar of the English Language 영문법 원서의 고전이다.
3. Collins Cobuild Verbs : Patterns & Practice 동사의 패턴을 풍부한 예문과 함께 체계적으로 정리했다.

### 따분할 때 재미있게 볼 수 있는 책

〈동사를 알면 죽은 영어도 살린다 1, 2〉
〈꼬리에 꼬리를 무는 영어 2〉
〈어라 나도 영어회화가 되네〉
〈미국에선 안 통하는 한국식 표현〉
〈마이 퍼니 잉글리씨〉
〈영어 전치사 연구〉
〈외국어 나도 잘할 수 있다〉
〈영어 표현 다루기〉
〈뻥이야를 영어로 어떻게 말하지?〉
〈영어의 향기〉
〈웃지마 나 영어책이야〉

## 무료 영어 소스가 가득한 인터넷 세상 탐험하기

빠른 인터넷과 공짜 오디오 파일이 제공되는 나라는 전 세계적으로도 흔치 않다. 한국에서 영어 공부를 한다는 게 어떤 면에서는 크나큰 행운인 셈. 영어학습과 관련한 인터넷 웹사이트들 즐겨찾기에 등록해 놓고 꾸준히 이용해보자.

### 영영사전

- Longman Dictionary of Contemporary English Online
- Macmillan English Dictionary for Advanced Learners of American English
- Oxford English Dictionary
- Oxford Collocations Dictionary of Students of English
- Cambridge English Dictionary
- Collins COBUILD Advanced Learner's English Dictionary

### 영어 잡지

- Reader's Digest
- People
- Newsweek
- Time

## 라디오, TV, 뉴스

- Voice of America(www.voanews.com)미국
- National Public Radio(www.npr.org)미국
- CBS Online(www.cbsnews.cbs.com/)미국
- ABC Online(www.abctelevision.com)미국
- NBC Online(www.nbc.com)미국
- PBS Online(www.pbs.org/)미국
- CNN News(www.cnn.com)미국
- BBC News(http://news.bbc.co.uk)영국
- www.cbc.ca/listen/캐나다
- www.abc.net.au/호주
- Los Angeles Times(www.latimes.com)미국
- Washington Post(www.washingtonpost.com)미국
- The New York Times(www.nytimes.com)미국
- Boston Globe(www.globe.com/)미국
- USA Today(www.usatoday.com)미국
- The Economist(www.economist.com)영국

## 영문법

- On-line English Grammar (www.edufind.com)

## 어휘, 구동사, 이디엄

- Vocabulary.com (www.vocabulary.com)
- Focusing on Words (www.wordfocus.com)
- ESL Café's Phrasal Verb Page (www.eslcafe.com)
- ESL Café's Idiom Page (www.eslcafe.com)
- Cobuild Idiom of the Day
  (http://titania.cobuild.collins.co.uk/Idiom.html)
- Adam Rado's English Learning Fun Site
  (www.elfs.com/moviesEnt.html)

## Testing

- Kaplan's TOEFL Page (www.kaplan.com/intl/toefl_top.html)
- Encomium Interactive (www.encomiuminteractive.com)

**다양한 mp3를 공짜로 다운받을 수 있는 곳**

- www.gimmyoung.com
- www.saramin.com
- www.ybmbooks.com
- www.nexusbooks.com
- www.seentalk.co.kr
- www.dobedobe.com